Erwin Pröll (Hrsg.)

VERTRAUENS*FRAGEN*

Ansichten und Aussichten

Diversität bzw. die Vielfalt von Standpunkten sind Anspruch und Grund dieses Buches. Die Beiträge der Autorinnen und Autoren geben daher nicht unbedingt die Meinung des Herausgebers oder der Kultur.Region.Niederösterreich GmbH wieder.

Der Verlag weist ausdrücklich darauf hin, dass im Buch enthaltene externe Links vom Verlag nur bis zum Zeitpunkt der Buchveröffentlichung eingesehen werden konnten. Auf spätere Veränderungen hat der Verlag keinerlei Einfluss. Eine Haftung des Verlags ist daher ausgeschlossen.

KULTUR NIEDERÖSTERREICH

1. Auflage

Kleine Tullnbachgasse 64, 3430 Tulln an der Donau
www.vermes-verlag.com

Ein Projekt in Kooperation mit der
Kultur.Region.Niederösterreich GmbH
Neue Herrengasse 10, 3100 St. Pölten
www.kulturregionnoe.at

Kultur. Region. Niederösterreich
Kultur gemeinsam leben

Projektkoordination: Lena Braun
Lektorat: Johann Fleißner
Fotos: Lois Lammerhuber / Edition Lammerhuber
Satz und Reproduktion: Lorenz+Zeller GmbH, Inning a. A.
Druck: GrafikMediaProduktionsmanagement GmbH, Köln
Gedruckt in der EU

ISBN 978-3-903300-90-3

Erwin Pröll (Hrsg.)

VERTRAUENS *FRAGEN*

Ansichten und Aussichten

Vermes-Verlag

Inhalt

Herbert Lackner

Geboren 1950 in Wien, studierte Politik und Kommunikationswissenschaft an der Universität Wien.

1980 begann er als Redakteur bei der „Arbeiter Zeitung“, wo er drei Jahre später zum stellvertretenden Chefredakteur aufstieg.

1988 wechselte Lackner zum Nachrichtenmagazin „profil“ und fungierte von 1992 an 23 Jahre lang als Chefredakteur.

Er ist Autor zahlreicher zeithistorischer Beiträge in „profil“ und „Die Zeit“.

Herbert Lackner

Nachgefragt bei Erwin Pröll

Herr Pröll, sind Sie eigentlich ein vertrauensseliger Mensch?
Grundsätzlich bin ich ein vertrauensseliger Mensch, weil mir das von Kindheit an anerzogen wurde. Das hängt wahrscheinlich auch mit dem bäuerlichen Milieu zusammen, aus dem ich komme, mit dem Gottvertrauen, das damit einhergeht. Aber wenn von meinem Visavis Taten oder Worte gesetzt werden, die dieses Vertrauen nicht rechtfertigen, dann kann es natürlich relativ rasch vom Vertrauen zum Misstrauen kommen.

Muss ein Politiker nicht grundsätzlich ein wenig misstrauisch sein? Es gibt schließlich Konkurrenten in der eigenen Partei und Konkurrenten in anderen Parteien, die einem meistens nichts Gutes wollen.
Aus meiner praktischen Erfahrung kann ich das verneinen. Ich habe in einer Zeit Politik gelernt, in der die Sozialpartnerschaft noch einen sehr hohen Stellenwert hatte, und ich durfte in meinen jungen politischen Jahren den Exponenten der Sozialpartnerschaft über die Schulter schauen. Dort wurde ich Zeuge einer ganz besonderen Art der politischen Arbeit: Die Exponenten

der einzelnen Institutionen waren auf der einen Seite unglaublich hart in ihrem sachlichen Standpunkt, je näher es dann zum Ergebnis gekommen ist, umso kompromissbereiter wurden sie. Und vor allem haben sie sich gegenseitig vertraut, das war der entscheidende Punkt. Denn im Kompromiss steckt ein Kern des Vertrauens.

Rein institutionell ist die Politik ja nicht unbedingt ein Ort des Vertrauens: Es gibt in Landtagen und im Nationalrat den Misstrauensantrag, es gibt Rechnungshöfe, es gibt Kontrollämter, es gibt Untersuchungsausschüsse. Das will signalisieren: Vertrauen ist gut, aber man muss kontrollieren, oder man muss sogar misstrauen.

Es gibt ja den oft zitierten Spruch, der Lenin zugeschrieben wird: „Vertrauen ist gut, Kontrolle ist besser." Das hat schon etwas in der Politik. Aber man muss schon auch sehen, dass sich im politischen Leben vieles geändert hat. Ein aufkommendes Misstrauen in der Gesellschaft gegenüber Entscheidungsträgern in der Politik ist meist aus bestimmten Situationen heraus erklärbar. Wenn die Überzeugungskraft der Politik immer mehr schwindet, wird der Ruf nach Kontrolle immer lauter, weil das Grundvertrauen zur Politik und zum politischen System verlorengeht.

Aber noch einmal zurück zu diesem Lenin-Zitat „Vertrauen ist gut, Kontrolle ist besser": Umgekehrt wäre das eine ideale Gesellschaft. Wenn jeder jedem vertrauen könnte, bräuchte es viel weniger Rechtsnormen und Regulative. Sind Menschen unzulänglich für eine solche Welt?

Menschen sind einfach so geartet, wie sie eben sind, und es gibt ja auch den Spruch: „Wo Menschen sind, dort menschelt's." Der ideale Mensch ist wahrscheinlich nirgends zu finden, und damit ist auch die ideale Gesellschaft nicht zu finden. Das heißt aber nicht, dass die Welt nur im Misstrauen leben muss. Für mich hat es immer eine klare Richtschnur gegeben: „Sage, was du denkst, und tue, was du sagst.“ So sind auch die Menschen in der Lage, nachzuvollziehen, in welche Richtung ein Verantwortungsträger gehen will, und er ist dann auch an seinen Taten zu messen. Daraus entsteht dann Vertrauen. Und Vertrauen begründet jedes Wahlergebnis.

Laut Umfragen vertrauen die Menschen am meisten der Polizei, dem Bundesheer, der Arbeiterkammer, den Universitäten und dem Verfassungsgerichtshof. Am wenigsten vertrauen sie Versicherungen, Medien und der Regierung. Das sind Institutionen, denen man früher großes Vertrauen geschenkt hat. Wie ist es zu diesem Ansehensverlust gekommen?

Die pluralistische Demokratie ist vielfältiger geworden, und der Einzelne findet sich immer weniger in dem, was diese Institutionen darstellen. Dazu kommt, dass im Laufe der Jahrzehnte das in diese Institutionen gesetzte Vertrauen zu oft missbraucht wurde. Die zunehmende Öffentlichkeit in allen Abläufen hat dazu das Ihre beigetragen. Allerdings werte ich das nicht als negativ, Öffentlichkeit ist gleichzeitig auch eine Art Kontrollinstanz. Ich glaube, auch der Einzelne sollte sich überlegen, welchen Beitrag er zu einem stabileren Vertrauen in der Gemeinschaft leisten kann. Dem Einzelinteresse zu folgen ist bequemer, als sich am Gesamtinteresse zu orientieren. Alte Tugenden wie Geben und Nehmen, Fordern und Fördern, Verlangen und Nachgeben – das sind Vorgangsweisen, die in der Vergangenheit ein stabilisierender Faktor für das Vertrauen in Institutionen und Personen gewesen sind. Es ist ja interessant, dass gerade die Polizei in diesem Vertrauensindex ganz oben rangiert.

Obwohl sie Strafmandate ausstellt.
Obwohl sie Strafmandate ausstellt – weil jedem klar ist: Ich habe mich falsch verhalten. Daher haben die Sicherheitsorgane auch das Recht, mich darauf hinzuweisen, manchmal eben mit einer Strafe.

In den letzten Jahren hat uns das Vertrauen in die Wissenschaft intensiv beschäftigt. Während der Covid-Pandemie ist es zu Reaktionen in der Bevölkerung gekommen, die man vorher nicht abgesehen hatte. Ein nicht geringer Teil der Gesellschaft hat sich massiv gegen alle therapeutischen und präventiven Maßnahmen gewehrt – aus grundsätzlichem Misstrauen gegenüber der Wissenschaft.
Das ist ja nichts Neues. Es muss aber zu denken geben. Wenn objektive wissenschaftliche Erkenntnisse in Frage gestellt werden, dann werden damit ein wesentlicher Faktor des Konsenses und vor allem der Fortschritt in einer Gesellschaft in Frage gestellt. Sie haben sich ja in einem Buch selbst mit der Geschichte dieses Denkens befasst und gezeigt, dass es in pandemischen Zeiten immer ein Grundmisstrauen gegeben hat. Ich warne nur davor, in derartigen Extremsituationen das Grundvertrauen in die Wissenschaft überhaupt über Bord zu werfen.

Ein Drittel der Bevölkerung glaubt laut aktuellen Umfragen, dass es den Klimawandel nicht gibt. Ein Viertel meint, diese Corona-Viren seien absichtlich produziert worden, um die Bevölkerung zu unterjochen. Und immerhin jeder Fünfte ist der Meinung, dass es längst ein Heilmittel für Krebs gibt, dass dieses aber von den Pharmakonzernen aus Profitinteresse zurückgehalten wird, weil die Behandlung viel einträglicher sei als die rasche Heilung. Das sind besorgniserregende Zahlen.

Besorgniserregend und alarmierend. Da ist natürlich auch die Wissenschaft gefordert, um Verschwörungstheorien und Falschnachrichten entgegenzutreten, die ja gerade in den modernen Kommunikationsmöglichkeiten einen starken Nährboden haben. Sie muss mit großer Überzeugungskraft Beispiele kommunizieren, wo sie im Sinne der Menschheit und des Fortschritts tätig ist. Wenn es politische Kräfte gibt, die sich wissenschaftsfeindliches Denken zunutze machen, wie man es ja bei uns in Echtzeit verfolgen kann, dann wird es natürlich gefährlich. Das ist vordergründiger Populismus. Populismus ist eine Zwischenstation zwischen Vertrauen und Misstrauen. Die Bevölkerung merkt sehr wohl, wenn jemand etwas verspricht, was dann nicht zu halten ist. Wenn es gelingt, aufzuzeigen, dass Versprechungen ohne Konsequenzen bleiben, dann entwaffnet sich dieser Populismus von selbst.

Gibt es abgesehen von Familienmitgliedern Menschen, denen Sie völlig vertrauen?

Ja, es gibt auch im politischen Leben viele Menschen, denen ich vertraue. Dann bin ich auch bereit, ihnen nach kritischem Hinterfragen zu folgen und mich für ihre Ideen und für ihre Ziele einzusetzen.

„Ich habe Angst bekommen, das Vertrauen in die zu verlieren, die ich gewählt habe, denen ich mein Vertrauen geschenkt habe.“

FELIX BREISACH

Felix Breisach

ist als Autor, Regisseur und Produzent tätig, wurde 1961 in Graz geboren und erhielt seine Ausbildung an verschiedenen internationalen Fernsehanstalten. Seit 1981 entstanden in seiner Verantwortung mehr als 150 Dokumentarfilme im Bereich Kunst und Kultur, etwa 120 Opernaufzeichnungen und zahlreiche Schauspielaufzeichnungen, aber auch Portraits über Pierre Boulez, Nikolaus Harnoncourt, Franz Welser-Möst und Thomas Hampson.

Es entstanden die international mehrfach ausgezeichneten Opernfilme für das Schweizer Fernsehen. Am Theater an der Wien übernahm Breisach die szenische Einstudierung des Da-Ponte-Zyklus unter Nikolaus Harnoncourt.

felixbreisach.at

Felix Breisach

Wenn ich nach Vertrauen suche …

… dann schreibt mein Leben viele Momente, in denen Vertrauen gegeben, aber auch genommen wurde.

Worin besteht Vertrauen? In der Kleinstzelle der Familie entwickelt sich von Anbeginn der Hilflosigkeit dieses eine bestimmte Gefühl – das Vertrauen in die Eltern, zu überleben und überleben zu können.

Anfangs wissen wir nicht, was es ist, das Vertrauen, lediglich und wahrscheinlich wissen wir von einem bestimmten Gefühl, das uns Sicherheit gibt.

Und plötzlich, eines Tages, begreifen wir, was es wirklich ist und was wir verloren haben – und diesen einen Tag, den gibt es: an dem wir es verlieren, an dem wir die Täuschung erkennen. Das Leben hat uns!

So wie es sich für uns entwickelt, mit all den ähnlichen Abschnitten, es ist uns vertraut, dass Vertrauen etwas ist, worum wir bitten, kämpfen, worum wir fürchten.

Das tägliche Vertrauen, bewusst und meistens schon unbewusst angenommen, Lebenssituationen, die ohne Vertrauen gar nicht zu bewältigen wären, das Vertrauen in den Kindergarten, in die Schule, in den Arzt – die Liste ist nahezu unendlich –, wir müssen vertrauen, ohne Vertrauen gibt es keine Minute der inneren Ruhe!

Überall begegnet es uns, aber überall und oft hat es uns enttäuscht!

Selbst-, Zukunfts- und menschliches Vertrauen sind die wahrscheinlich wesentlichsten Faktoren für ein nicht hoffnungsloses Leben – wir brauchen es. Die Bereitschaft dazu muss vorhanden sein, die Bereitschaft, es zu geben, ebenso – nur: Wo ist es hin, das Vertrauen?

Wenn ich heute auf meine Heimat blicke, allerorts, sehe ich Krisen, die sich in einer gesellschaftlichen Vertrauenskrise manifestieren. In der Summe haben sie sich aufgebaut zu einer fast unüberwindlichen Mauer. Die Gesellschaft steht vor ihr und weiß nicht mehr weiter. Da und dort werden Löcher gebohrt, da und dort gelingt der Sprung darüber, da und dort wird mit Gewalt versucht, sie einzureißen, da und dort stehen wir vor einer neuen. Parteien betonieren sich ein, immer dicker werden die Mauern der Ideologie. In Betonschachteln ziehen sie sich zurück, hier sind sie sicher, hier erhalten sie ihre Macht.

Die Gesellschaft hat, ich habe Angst bekommen, das Vertrauen in die zu verlieren, die ich, die wir gewählt haben, denen wir unser, denen ich mein Vertrauen geschenkt habe. Wohin sind wir gegangen? Wo werden wir ankommen?

Ratlosigkeit und, ja, auch Mutlosigkeit machen sich breit. Wie ein Virus drohen sie uns zu verschlingen – eine Gesellschaft am Abgrund?

Pessimistisch bleibt mein Urteil – wir fahren gegen die Wand, und auch ein waghalsiges Bremsmanöver wird uns nicht mehr davor bewahren, den kapitalen Crash zu erleben. Diese

Gesellschaft, geführt von diesen Vertretern des Volkes, wird es nicht mehr schaffen, zurückzufinden zu dem, was wir Vertrauen nennen.

Die Ratlosigkeit angesichts der Mauer, die kurzen Verschnaufpausen, die uns einzeln gebohrte Lichtlöcher ermöglichen, werden nicht ausreichen. Grundsätzliches muss verändert werden, Haltung, Moral und Anstand müssen wiedergefunden werden. Das In-sich-selbst-/die-Partei-Vertrauen muss sich in ein In-uns-/die-Gesellschaft-/den-Menschen-Vertrauen verwandeln.

Politische Abgehobenheit, populistische Tiraden, das gegenseitige Anpöbeln, Respektlosigkeit, politische Parolen – Politiker als Mahnbild –, so sind wir nicht, so möchten wir nicht sein!

Optimistisch bleibt mein Urteil – wenn wir auf Augenhöhe regiert werden, wenn wir Vertrauen haben können in Intelligenz, in Intellekt, wenn Sorgsamkeit, wenn Achtsamkeit, wenn Toleranz gelebt werden, wenn es keine leeren Gedanken sind, die uns umgeben.

Mut müssen wir haben, *nicht* „normal" zu denken, Mut müssen wir haben, dem Bewährten entgegenzutreten, Mut für den Gegensatz und Mut für die Wahrheit.

Gelebte und gelernte Systeme sind zu verlassen, ein Weg abseits sturer Ideologie hin zu intellektuellem Denken muss gefunden werden. Opportunisten, Buckelmacher, kriecht nicht weiter, macht den Rücken grade! Weg von der Reflexintelligenz, den 5-Zeilen-Tweets, der 10-Zeilen-Kritik, hin zu reflektiertem Denken! Kurz innehalten, Mensch und Gesellschaft mitdenken, ohne Absicht – mehr Vorher- und Übersicht, den Blick schärfen!

Wo bleiben die Ideen, die Phantasien, Gesellschaft mitzunehmen auf eine Reise in die Vertrauenszukunft?

Kommt her zu uns, versteht, lernt von unseren Sorgen, seid Vorbild – alles nur naiv von mir?

Das möchte ich sein: naiv bis zum Abwinken; so naiv, an eine Welt zu glauben, die nicht zu Grunde geht, naiv zu glauben, dass es sie gibt, die gute Seite, naiv zu glauben, dass sich etwas verändern kann, wenn nur der Wille dazu da wäre, Zu- statt Auseinandersetzung, naiv möchte ich sein, statt Stand- den Gehpunkt finden.

Als Mit-Denkender, Mit-Versucher, Mit-Ermöglicher, Mit-Empörter, als Mit-Mensch muss ich zur Kenntnis nehmen, dass ich verloren habe – nicht nur das Vertrauen, ein Stück weit auch die Hoffnung. Wo sind sie, die Gutetatentuer?

Wo sind sie, die nicht nur Rot, Blau, Schwarz, Grün oder Pink sehen, wo sind sie, die in den Topf der Buntheit greifen?

Vertraut nicht dem Vertrauten, vertraut den Vertrauenden!

„Wir sollten glauben an diese
große Kraft, die uns gezeugt
hat und am Leben hält, die
uns vertraut und der wir
trauen dürfen.“
MICHAEL DANGL

Michael Dangl

Geboren 1968, ist als Schauspieler im Ensemble des Wiener Theaters in der Josefstadt. Er dreht Kino- und TV-Filme, spricht literarische Texte fürs Radio und gestaltet musikalisch-literarische Programme. Am Münchner Staatstheater am Gärtnerplatz ist er als Henry Higgins in „My Fair Lady" und als Frosch in der „Fledermaus" zu sehen.

Er schrieb u. a. den Bestseller „Grado – abseits der Pfade" und, als Co-Autor, den Bühnenerfolg „Die Winterrose". Sein jüngster Roman „Orangen für Dostojewskij" erschien in St. Petersburg in russischer Übersetzung.

2023 erhielt er den Raimund-Ring und den Berufstitel Kammerschauspieler.

dangl.univer.se

Michael Dangl

Der Schlaf des Vertrauens

Vertrauen?

Es ist ein Automatismus unseres Innenlebens, dass sofort ein uniformierter Wachbeamter namens „Skepsis“ aus dem Nebenraum herantritt, wann immer wir dieses Wort betrachten, aussprechen, für gut halten. Dabei vergessen wir, dass es etwas bezeichnet, was wir einst hatten, schon lange bevor wir uns einen Begriff davon gemacht haben. Das Gefühl war da, irgendein Name kam viel später dazu, so spät, dass er mit ersterem in uns eigentlich nichts mehr zu tun hat. Vertrauen als gedachte, gewünschte, bezweifelte Option schaut immer in die Zukunft und schrammt nur am Rand der Gegenwart entlang, in der es vor der Aufgabe steht, irgendwas oder irgendwem Glauben zu schenken. In der Vergangenheit aber war es fraglos da, das Vertrauen in eine uns beschützende, wärmende, ernährende Umwelt. Das Baby muss Vertrauen in die ihm dargebotene Brust und Hand haben, weil es darauf angewiesen ist. Ein Zweifelreflex ist da, aber der Hunger ist stärker. Das Frieren, das Müdesein, der Schmerz.

Was passiert auf dem Weg von da, wo wir etwas haben und auf ihm gründen, dorthin, wo wir es in Frage stellen oder gar ablehnen? Interessanterweise ist der Mensch, wenn sein Verstand beginnt, Für und Wider abzuwägen, alt genug, um existenziell nicht mehr von Vertrauen abhängig zu sein. Und in dieser Annahme liegt sein Verhängnis. Denn die Nöte haben sich wohl gewandelt, nicht aber das Bedürfnis, sie zu stillen oder zu lindern. Warum denken wir, nun ganz allein für etwas zuständig zu sein, was uns die Welt, als wir klein waren, von selbst geschenkt hat? Was hat uns zugleich mit der Kindheit einen ganzen Zaubermantel an selbstverständlich Wunderbarem ausgezogen, und da stehen wir nackt und frierend vor der Welt und wissen nicht mehr, sollen wir die uns hingestreckte Hand annehmen? Meint es das Leben gut mit uns, oder treibt es ein hinterlistiges Spiel, vor dem wir uns hüten sollen?

Enttäuschungen machen uns vorsichtig. Dabei offenbaren sie nur, dass *wir* einen Fehler gemacht, uns in etwas oder jemand getäuscht haben. Was, frage ich mich, hat all diese Menschen so enttäuscht, die meinen, auf Vertrauen verzichten zu können, und, gepanzert mit Vernunft und Vorsicht, auf der Sparflamme menschlicher Wärme und Nähe, Soldaten des Misstrauens, ihren einsamen Pfad durch den Dschungel des Lebens schlagen? Ich habe mir die sprichwörtliche „Mutter der Porzellankiste“ immer als eine unglückliche Figur vorgestellt. Unser zerbrechliches Inneres kann vor lauter Schonung nämlich auch verrotten und zerfallen, wenn wir es nicht auspacken, auslüften, herzeigen, gebrauchen, zur Verfügung stellen. Die eigenen Schätze werden am spätesten gehoben, heißt es, und Schuld daran trägt mangelndes Vertrauen in uns, das Misstrauen in Andere zur schlangenhäutigen, schmaläugigen, giftzüngigen Tochter hat. Wer sich nicht selbst vertraut, wer *sich* nicht selbst traut, traut sich nichts zu, und traut sich nichts und wird infolge dieser großen Vertrauenslosigkeit, die er ausstrahlt, auch kein Vertrauen von denen bekommen, denen er nicht traut. Der Schlaf des Vertrauens bringt Ungeheuer hervor!

Was wäre zu wünschen? Eine Rückbesinnung, dass es eine Kraft gibt, die uns aus dem Sternenmeer geborgen und zu einem lebensfähigen Wesen zusammengesetzt, nicht zuletzt auch Vertrauen in uns gesetzt hat, in der biologischen Kette unsere Rolle zu spielen. Allein die Tatsache unserer Existenz sollte uns jeden Tag mit einer solchen Freude erfüllen, dass uns schwindlig wird und wir die Welt umarmen möchten. Eine Rückbesinnung auf unsere Anfänge in völliger Schutzlosigkeit, über die uns hinweggeholfen wurde, sei es, hoffentlich, aus Liebe – oder einfach nur aus Pflichtbewusstsein. Hätte es dieses Sichausliefern, dieses Urvertrauen nicht gegeben, wären wir nicht mehr da. Und dass wir noch da sind, heißt, dass wir auch dieses Urvertrauen nicht aufgegeben haben, sonst würden wir morgens nicht aufstehen, nicht aus dem Haus gehen, kein Buch mehr schreiben und uns nicht mehr verlieben. Das Vertrauen ist da, ist *in uns,* immer gewesen, wir müssen es bloß *zulassen.* Es in uns aufsteigen und wachsen und *hinaus*lassen. Es Andere spüren lassen. Sie damit zum Lächeln bringen. Und uns ihr Vertrauen erwerben, verdienen, ihm gerecht werden, es erfüllen. Wir wissen nie, was aus einer Handlung geworden wäre, die wir unterlassen haben, weil uns der Mut und also das nötige Vertrauen gefehlt hat. Aber je mehr wir zulassen, je öfter wir überflüssiges Misstrauen zur Seite wischen und feststellen, dass wir in unserem geleisteten Vertrauen nicht enttäuscht werden, je öfter wir uns und andere überraschen mit Zutrauen, mit Uns-Anvertrauen, desto sicherer werden wir Situationen erkennen, in denen es wirklich lohnt, Vorsicht zu üben. Weil wir es im Inneren so hell gemacht haben, dass wir unfehlbar sehen, wenn etwas einen Schatten in uns wirft. Wir sollten glauben an diese große Kraft, die uns gezeugt hat und am Leben hält und die uns vertraut und der wir trauen dürfen. Und obwohl es keine Bedingung für das Vertrauen in uns und Andere ist: Das Ganze bekommt ein noch viel strahlenderes, reicheres, tieferes Mysterium, und zugleich eine größere Einfachheit, wenn wir diese Kraft – Gott nennen.

Ich halte es für einen der größten Irrtümer der Gegenwart, das wunderbare Angebot des Glaubens auszuschlagen, ohne es je wirklich ausprobiert zu haben. Demütig gebeugten Hauptes sehen die Menschen auf ihr Telefon hinunter statt zum Himmel hinauf. Suchen die Lösungen an verkehrten Orten. Vertrauen – ich sage das bei aller Wertschätzung und Dankbarkeit für die Leistungen der Medizin – den Apotheken mehr als den Kirchen. Den Banken mehr als den Gebeten. Die Welt erstickt, eher noch als an den Abgasen, in der Luftlosigkeit des Konkreten und Materiellen, das doch das Abstrakteste ist. Weil vergänglich. Wir brauchen eine neue Spiritualisierung unseres entzauberten Lebens, weil sie die Augen öffnet für die Schönheit der Welt und ihre Nöte, für die Schönheit des Nächsten und seine Bedrohtheit.

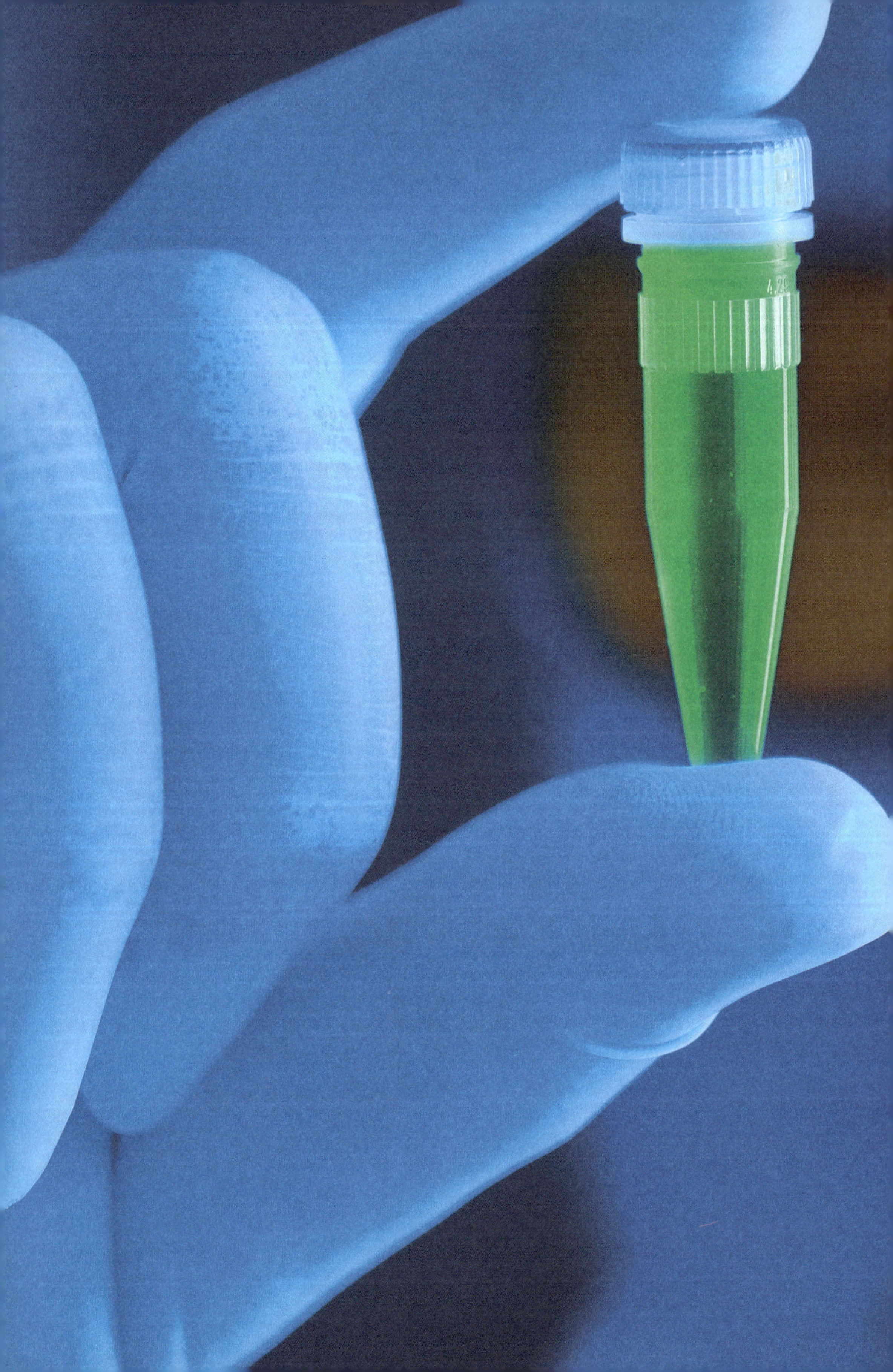

„Je höher der Bildungsabschluss ist, desto mehr Vertrauen wird der Wissenschaft und Forschung entgegengebracht.“ HEINZ FASSMANN

Heinz Faßmann

Geboren 1955 in Düsseldorf, studierte Geographie und Wirtschafts- und Sozialgeschichte an der Universität Wien. Nach einer C4-Professur an der TU München war er ab 2000 Professor für Angewandte Geographie, Raumforschung und Raumordnung an der Universität Wien sowie zwischen 2011 und 2017 Vizerektor der Universität. Von 2017 bis 2019 und von 2020 bis 2021 übte er das Amt des Bundesministers für Bildung, Wissenschaft und Forschung aus.

Faßmann ist seit dem Jahr 2000 Mitglied und seit Juli 2022 Präsident der Österreichischen Akademie der Wissenschaften.

Heinz Faßmann

Vertrauen in die Wissenschaft

Vertrauen in die Wissenschaft ist das Pfund, mit dem wir wuchern können. Es ist unser höchstes Gut und basiert auf einer gesellschaftlichen Vorleistung: Vertrauen ist da, muss aber auch immer wieder neu erkämpft werden. Und wir müssen uns um das Vertrauen auch aus einem spezifischen Grund bemühen: Es ist die Voraussetzung für die finanzielle Alimentierung der Wissenschaft durch die öffentliche Hand. Wer würde öffentliches Geld gerne einer Institution geben, die nicht vertrauenswürdig ist?

Grundsätzlich vertrauen Menschen der Wissenschaft. Sie wissen, dass der technologische Fortschritt, aber auch die heutige Welterklärung ohne Wissenschaft undenkbar ist. Alles, was unser gegenwärtiges Leben auszeichnet und für unseren Wohlstand verantwortlich ist, basiert auf Wissenschaft und Forschung. Und die Menschen wissen auch, dass das von der Wissenschaft produzierte Wissen eine besondere Qualität besitzt: Es ist hochgradig qualitätsgesichert, nachvollziehbar und der Wahrheit verpflichtet.

Empirische Befunde

Aufgrund dieser besonderen Qualität des wissenschaftlichen Wissens stört es uns, wenn doch ein beträchtlicher Teil der Bevölkerung der Wissenschaft wenig Glauben schenkt. Wir wollten diesen Umstand erhellen und haben uns mit dem Thema empirisch auseinandergesetzt. 2022 hat die Österreichische Akademie der Wissenschaften eine repräsentative Befragung der österreichischen Bevölkerung in Auftrag gegeben, um das Ausmaß an Vertrauen, aber auch die Faktoren des Misstrauens zu erfassen. Von den vielen interessanten Befunden (vgl.: Faßmann und Knob 2023) seien hier die markantesten herausgegriffen: Rund 70 Prozent der Befragten haben ein grundsätzlich hohes Vertrauen in das System „Wissenschaft" und in die Personen, die Wissenschaft betreiben. Das ist im Vergleich zu anderen gesellschaftlichen Bereichen, zur Politik, zu den Medien oder zur Finanzwirtschaft, ein sehr hoher Wert. Dennoch, und das gibt uns zu denken, schenken rund ein Drittel der Wissenschaft und Forschung nur wenig oder gar kein Vertrauen, 37 Prozent sind der Ansicht, dass man sich mehr auf den gesunden Menschenverstand als auf wissenschaftliche Studien verlassen soll, 42 Prozent meinen, die Wirklichkeit schaut anders aus als von der Wissenschaft erklärt, und 56 Prozent nehmen die Wissenschaft als einen Teil abgehobener Eliten wahr.

Bemerkenswert ist die disziplinäre Differenzierung. Während Mathematik, Medizin, Physik, Chemie und Pharmazie uneingeschränkte Wertschätzung erfahren, wird den Wirtschaftswissenschaften und der Klimaforschung verstärkt Misstrauen entgegengebracht. Und bemerkenswert sind auch die das Vertrauen erklärenden Variablen. Nicht das Alter, das Geschlecht, der Wohnort oder die Zuwanderungsgeschichte begründen das unterschiedliche Ausmaß an Vertrauen, sondern im Wesentlichen nur der Bildungsabschluss. Je höher dieser ist, desto mehr Vertrauen wird der Wissenschaft und Forschung entgegengebracht.

Politische Instrumentalisierung

Vertrauen in die Wissenschaft ist kein Thema, welches ausschließlich die Wissenschaft selbst interessiert. Parteipolitische Strategen haben diese Einstellung in ihre Überlegungen eingebaut (vgl.: Bogner und Karmasin 2023). Auf dem „Wählermarkt" ist ein signifikanter Anteil an potenziellen Wählerinnen und Wählern abzuholen, die einer naturwissenschaftlich ausgerichteten Medizin distanziert gegenüberstehen, Impfungen als eine Gefährdung der körperlichen Integrität empfinden, Energetik als eine ernsthafte Berufstätigkeit sehen und den gesellschaftlich induzierten Klimawandel als „immer schon dagewesen" herunterspielen. Im Parteienspektrum eher rechts zu verortende Bewegungen greifen diese Sichtweisen auf und verstärken diese durch ihre politische Programmatik.

Eine selektive Wissenschaftsskepsis findet sich aber auch in der Programmatik eher linker und „grüner" Parteien. Am Beispiel der Gentechnik wird dies deutlich. Während es einen weitgehenden wissenschaftlichen Konsens gibt, dass durch gezielte Gentechnik (Genom-Editierung) neue Möglichkeiten der Züchtung von Pflanzen entstehen sowie Krankheiten geheilt oder zumindest effektiv behandelt werden können, lehnen das die entsprechenden Parteien ab. Dabei wird mit diffusen Ängsten, aber auch mit einer romantisierenden Vorstellung einer Welt, die vorindustriell ist, wenig arbeitsteilig funktioniert und regional geschlossen ist, gearbeitet. Die Wissenschaftsskepsis von links trifft jene von rechts – lediglich der Klimawandel erfährt eine konträre Einschätzung –, und beide politischen Bewegungen stärken das Misstrauen eines Teils der Bevölkerung gegen die Wissenschaft. Und weil Wissenschaft in einem gewissen Sinn immer elitär sein muss, passt die Wissenschaftsskepsis gut zu dem oppositionellen Narrativ, wir gegen die anderen, wir gegen die da oben.

Wissenschaftsskepsis – und was tun?

Sollen wir uns mit dem empirischen Befund zufriedengeben? Selbstverständlich nicht. Die Wissenschaft ist aufgerufen, die Skepsis zurückzudrängen und Vertrauen zu gewinnen, denn ein automatisches „Ja und Amen" gibt es auch zu wissenschaftlichen Erkenntnissen nicht mehr, die Autorität des wissenschaftlichen Wortes reicht nicht aus. Uns geht es dabei nicht besser als der Politik, den Interessenvertretungen und den Kirchen. Ein Mehr an Erklärung, Vermittlung und gesellschaftlicher Interaktion ist notwendig.

Die Wissenschaft muss sich öffnen, erklären und überzeugen. Das betrifft sowohl die Forschungsprozesse selbst als auch die wissenschaftlichen Erkenntnisse. Wissenschaftsvermittlung bedeutet heute auch, komplexe wissenschaftliche Zusammenhänge möglichst einfach zu formulieren. Es sollte keine Scheu davor geben, das Publikum über den Boulevard, mit Zwei-Minuten-Videos in den sozialen Medien oder im direkten Kontakt zu erreichen. Die Vermittlung muss niederschwellig sein, denn bei vielen ist sicherlich auch ein gewisser Respekt („Da kenne ich mich nicht aus, das verstehe ich nicht, das hat nichts mit meinem Leben zu tun") hinderlich, Berichte über Wissenschaft und Forschung zu konsumieren. Das Unverständnis der Bevölkerung vor einem Wissen, das manchmal vielleicht auch als bedrohlich empfunden wird, muss ernst genommen werden.

Wir stehen hier erst am Anfang einer neuen Wissenschaftskommunikation, die sich nicht mehr darin erschöpfen kann, auf ganzen Zeitungsseiten das letzte Paper in einen halbwegs populärwissenschaftlichen Artikel umzuwandeln. Das ist für eine interessierte Öffentlichkeit weiter wichtig. Um eine wirkliche Breite zu erreichen, müssen aber alle Mittel auch der neuen Medien ausgeschöpft werden. Die Art der Vermittlung darf nicht noch zusätzlich abschreckend wirken, sondern muss Interesse wecken und ein Verständnis für die Abläufe erwirken (vgl. Hartwig und Knob 2023).

Schlusswort

Die Institutionen der Wissenschaften sind aufgerufen, die Distanz zur Bevölkerung zu verringern und als Aufklärer, Vermittler und Übersetzer ihrer Ergebnisse zu wirken, um so wieder neues Vertrauen zu gewinnen. Sie sind aber auch angehalten, die wissenschaftlichen Werte hochzuhalten – und dazu zählen eine transparente Methodik, eine Nachvollziehbarkeit der Ergebnisse und eine Abgrenzung zum parteipolitischen Diskurs. Wer dabei seine neutrale Position aufgibt, sich in den Dienst einer politischen Bewegung stellt, wechselt seine Rolle. Das ist selbstverständlich legitim, sollte aber transparent erfolgen, um die parteipolitische Neutralität der Wissenschaft zu wahren.

Neben der Vermittlung von Ergebnissen ist die Erklärung des wissenschaftlichen Erkenntnisprozesses vielleicht noch wichtiger. Dass wissenschaftliches Wissen niemals abgeschlossen ist, stellt den inhaltlichen Kern dar. Der Motor dabei ist die Skepsis den eigenen Resultaten gegenüber und mindestens genauso gegenüber jenen der Kolleginnen und Kollegen. Immer Distanz wahren, kritikfähig bleiben, nicht nach der Bestätigung seiner These suchen, sondern nach Beobachtungen, die ihr widersprechen, lautet das Credo einer durch Popper geprägten Erkenntnistheorie. Mit „Wissenschaft ist Irrtum auf den letzten Stand gebracht" soll der US-Chemiker und zweifache Nobelpreisträger (Chemie und Frieden) Linus Pauling die Vorläufigkeit von Erkenntnissen charakterisiert haben. Skepsis ist dabei notwendig, aber sie muss weichen, wenn etwas eindeutig belegt oder verworfen wird. Skepsis in der Wissenschaft und Skepsis an der Wissenschaft ist eben nicht das Gleiche.

VERWENDETE LITERATUR

Bogner Alexander und Matthias Karmasin (2023): Wissenschafts- und Demokratieskepsis – ein kompliziertes Verhältnis. In: Fassmann Heinz (Hg.): Wissenschaftsbarometer 2022: Vertrauen, Interesse, Information. Akademie im Dialog – Forschung und Gesellschaft 1, S. 43–52.

Faßmann Heinz und Debora Knob (2023): Wissenschaftsbarometer. Erhebung und Analyse. In: Fassmann Heinz (Hg.): Wissenschaftsbarometer 2022: Vertrauen, Interesse, Information. Akademie im Dialog – Forschung und Gesellschaft 1, S. 7–30.

Hartwig Sven und Debora Knob (2023): Good und Bad News: Was tun gegen Wissenschaftsskepsis? In: Faßmann Heinz (Hg.): Wissenschaftsbarometer 2022: Vertrauen, Interesse, Information. Akademie im Dialog – Forschung und Gesellschaft 1, S. 53–61.

„Vertrauen in der Gesellschaft kann nur gelingen, wenn wir fähig werden, uns selbst mit allem, was in uns ist, anzunehmen."

ANSELM GRÜN

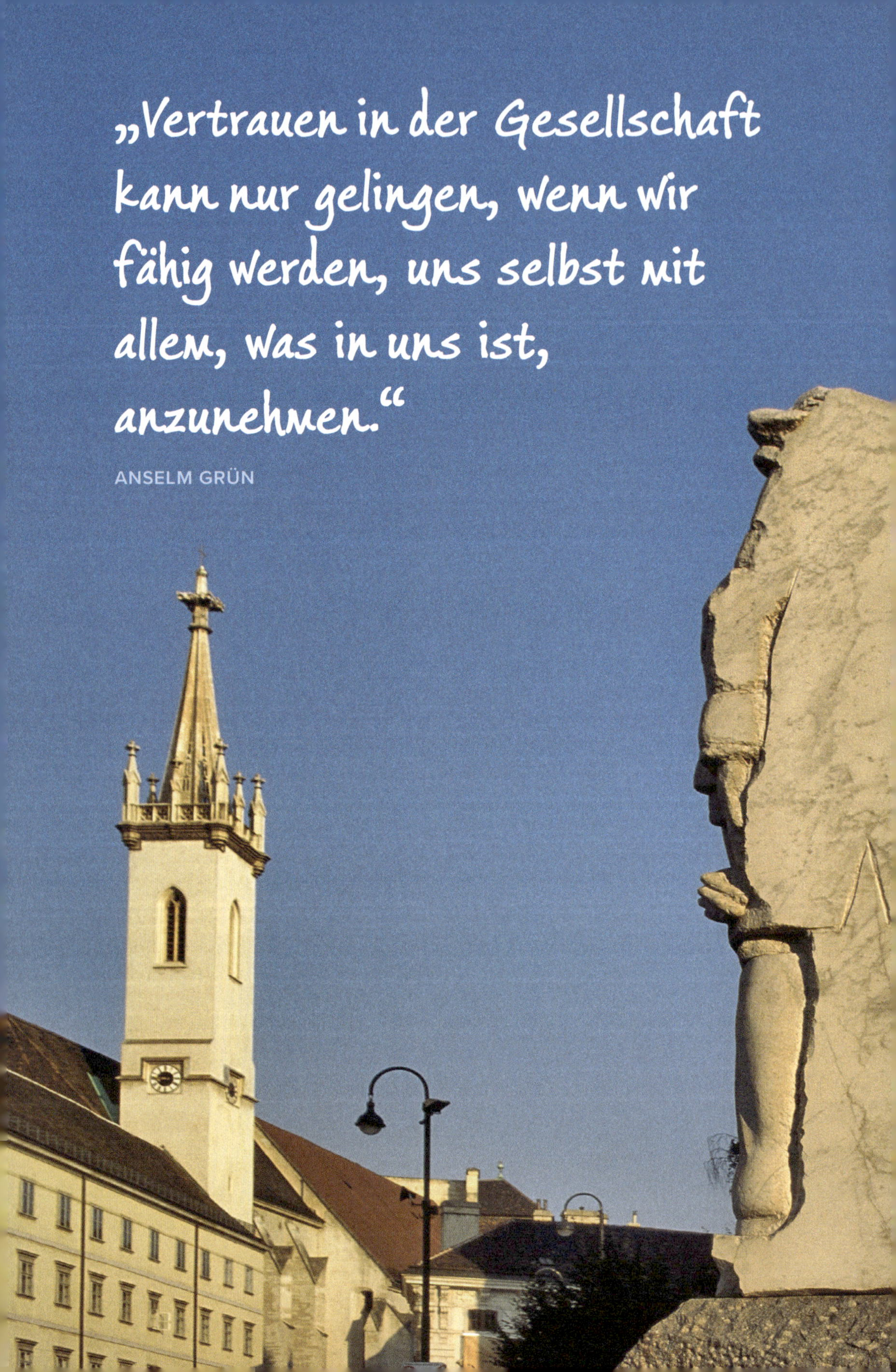

Anselm Grün

© Julia Martin, Abtei Münsterschwarzach

wurde als Wilhelm Grün am 14. Jänner 1945 im bayerischen Junkershausen geboren. Seine Kindheit verbrachte er mit seinen sechs Geschwistern in München. Dort half er bereits als kleiner Junge im Elektrogeschäft seiner Eltern mit und verkaufte unter anderem Glühbirnen und Taschenlampen.

Nach dem Abitur am Riemenschneider-Gymnasium in Würzburg trat er als Novize mit 19 Jahren in die Benediktinerabtei Münsterschwarzach bei Würzburg ein, wo der junge Mönch die Kunst der Menschenführung aus der Regel Benedikts von Nursia kennenlernte. Dabei entdeckte er die Tradition der alten Mönchsväter wieder, deren Bedeutung er immer wieder in Verbindung mit den Erkenntnissen der modernen Psychologie bringt.

1977 wurde er nach seinem Studium der Philosophie, Theologie und Betriebswirtschaft zum Cellerar (wirtschaftlicher Leiter) der Abtei Münsterschwarzach ernannt. Bis 2013 war er damit für rund 300 Mitarbeiter in über 20 Betrieben verantwortlich.

In seinen Kursen und Vorträgen geht er auf die Nöte und Fragen der Menschen ein und wurde er zum spirituellen Berater und geistlichen Begleiter für viele Ratsuchende unabhängig von ihrer Konfession. Mit mittlerweile rund 300 lieferbaren Büchern erreicht er ein Millionenpublikum.

anselmgruen.de

Anselm Grün

Vertrauen in unserer Gesellschaft

Wir alle sehnen uns nach Vertrauen, nach Vertrauen in der Partnerschaft, in der Familie, in der Firma und in der Gesellschaft. Aber zugleich erleben wir ein starkes Misstrauen zwischen den Menschen. Ich kenne Führungskräfte, die die bewusste Absicht haben, in ihrer Firma eine Atmosphäre des Vertrauens zu schaffen. Und sie schätzen das Vertrauen als einen Wert, den sie in die Leitsätze für ihr Unternehmen aufnehmen. Aber von ihnen persönlich geht ein grundsätzliches Misstrauen aus. Der Grund für die Ausstrahlung von Misstrauen ist, dass sie sich selbst nicht trauen. Sie haben Angst vor der eigenen Wahrheit. Sie haben Angst, in die eigene Seele und in ihre Abgründe hineinzuschauen. Daher projizieren sie all das, was sie bei sich selbst nicht kennen und nicht wahrhaben wollen, auf die anderen. Weil sie Angst haben, die eigenen Schwächen anzuschauen und sie von Gott verwandeln zu lassen, projizieren sie diese Schwächen auf die Mitarbeiter und begegnen ihnen mit einem tiefen Misstrauen. Nur wer sich selbst erkennt mit allem, was an Gedanken und Gefühlen in seiner Seele auftaucht, ist fähig, anderen Menschen zu vertrauen. Und nur von so einem Menschen, der keine Angst hat vor der eigenen Wahrheit, geht Vertrauen zu den anderen Menschen aus.

Das Misstrauen, das in unserer Gesellschaft herrscht, hat daher als tiefste Ursache das Misstrauen sich selbst gegenüber. Anstatt uns auf den Weg zu einer ehrlichen Selbsterkenntnis zu machen, projizieren wir lieber all das, was wir in uns nicht anschauen möchten, auf die anderen, vor allem auf Personen des öffentlichen Lebens. Doch der Mechanismus der Projektion hindert uns daran, mit uns selbst in Einklang zu kommen. Von der Psychologie her kann man sagen: Wer in sich gespalten ist, der spaltet auch die Menschen in seinem Umfeld. Die Polarisierung unserer Gesellschaft – manche Soziologen sprechen auch von Spaltung der Gesellschaft – hat ihren Grund darin, dass wir uns weigern, die eigene Wahrheit anzuschauen.

Viele sehnen sich heute nach Ruhe. Doch sobald es um sie herum still wird, geraten sie in Panik. Sie haben Angst, das eigene Chaos könnte in ihnen auftauchen. Eine Frau erzählte mir, sie könne nicht in die Stille gehen, da gehe ein Vulkan in ihr hoch. Jesus sagt uns, dass uns nur die Wahrheit wahrhaft frei macht (vgl. Joh 8,32). Nur wenn wir bereit sind, die eigene Wahrheit anzuschauen, kommen wir innerlich zur Ruhe. Doch die eigene Wahrheit wahrzunehmen gelingt uns nur, wenn wir aufhören, uns zu bewerten. Wir müssen versuchen, uns zu verstehen, anstatt zu bewerten. Die Voraussetzung dafür ist, dass wir uns von Gott bedingungslos angenommen fühlen.

Vertrauen in der Gesellschaft kann nur gelingen, wenn wir fähig werden, uns selbst mit allem, was in uns ist, anzunehmen. Verwandelt werden kann nur das, was wir annehmen. Wenn wir die eigenen Schattenseiten aber auf andere projizieren, dann spalten wir die Gesellschaft. Heute ist es beliebt, die eigenen Schattenseiten auf die Menschen zu projizieren, die in der Öffentlichkeit stehen. Sobald wir bei einem prominenten Menschen einen Fehler entdecken, projizieren wir alle unsere eigenen verdrängten Bedürfnisse und Schuldgefühle auf den andern. Der andere wird zum Sündenbock. Doch das führt zu einem immer neuen Schlachten von Sündenböcken. Das Schlachten hört nur auf, wenn wir bereit sind, die eigene Wahrheit anzuschauen. Die Wüstenväter haben schon im 4. Jahrhundert die Regel aufgestellt: „Wenn du einen andern sündigen siehst, dann sage dir: Ich habe gesündigt." Das klingt uns übertrieben. Doch die Mönche werfen ihre eigenen Schuldgefühle nicht auf den andern. Sie nehmen den andern als Spiegel, in dem sie die eigene Wahrheit anschauen. In diesem Spiegel entdecken sie, dass keiner von uns für sich garantieren kann, sondern dass jeder von uns auch fähig ist, diesen Fehler zu machen, über den wir uns bei andern empören.

Damit Vertrauen in der Gesellschaft entstehen kann, braucht es zwei Voraussetzungen. Die erste Voraussetzung ist, dass wir lernen, ehrlich mit uns selbst umzugehen, die eigene Wahrheit anzuschauen und uns mit unserer eigenen Brüchigkeit anzunehmen. Dann hören wir auf, unsere Schattenseiten und unsere Schuldgefühle auf andere zu projizieren. Die zweite Voraussetzung ist, dass die Menschen, die in der Öffentlichkeit stehen, vertrauenswürdig sind. Sie werden vertrauenswürdig, wenn sie mit ihrer Macht und ihrer Stellung ehrlich umgehen. Macht ist durchaus etwas Gutes. Denn wenn wir Macht haben, können wir diese Welt gestalten und sie menschlicher machen. Doch Macht kann auch zur Versuchung werden, sich damit zu identifizieren und sich über andere zu stellen. Das Gleiche gilt für die Anerkennung. Wir alle sehnen uns nach Anerkennung. Doch manchmal kreisen wir dann so sehr um unser Image, dass wir die anderen Menschen übersehen. Wenn sich Menschen übersehen fühlen, wenn sie von den Verantwortlichen nicht gehört werden, dann entstehen radikale Formen des Protestes. Daher ist es die Aufgabe all derer, die Macht haben und Verantwortung tragen, die Menschen zu hören, ihre tiefsten Bedürfnisse herauszuhören. Es ist nicht immer leicht, auf die Menschen und ihre Bedürfnisse zu hören, wenn man von ihnen aggressiv angegriffen wird. Doch dann braucht es die Weisheit, hinter den Aggressionen die Sehnsucht nach Gehörtwerden, nach Angenommenwerden herauszuhören.

Vertrauen kann in der Gesellschaft nur wachsen, wenn wir alle bereit sind zur ehrlichen Selbsterkenntnis und wenn wir aufhören, auf die anderen unsere verdrängten Bedürfnisse und Schuldgefühle zu projizieren. Das Vertrauen wird dann wieder wachsen, wenn die Verantwortlichen gut mit ihrer Macht umgehen und aufmerksam auf die Menschen hören, die unzufrieden sind. Wir sollen auch ihre Unzufriedenheit nicht bewerten, sondern nach den Ursachen fragen. Dann werden wir Wege finden, zu mehr Vertrauen und Frieden beizutragen.

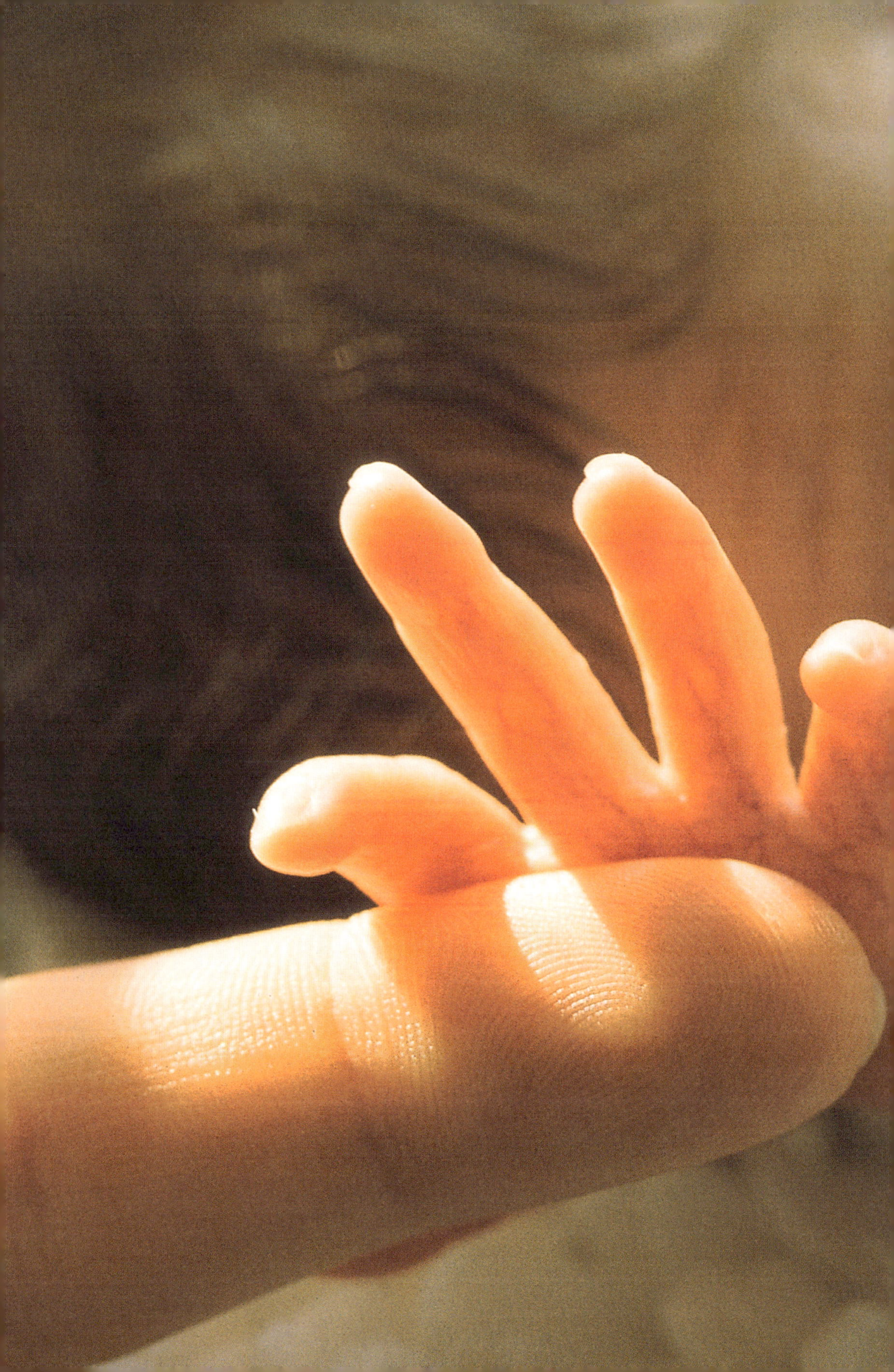

„Je höher der Oxytocin-Pegel war, umso größer war auch das Vertrauen bei Bankern und Wirtschaftstreibenden."

JOHANNES HUBER

Johannes Huber

ist Mediziner und Theologe. Geboren 1946, studierte er Theologie in Wien und war von 1973 bis 1983 persönlicher Sekretär von Kardinal Franz König. Nach dem Studium der Humanmedizin und der Facharztausbildung für Gynäkologie und Geburtshilfe wurde er außerordentlicher Universitätsprofessor an der Medizinischen Universität Wien. Huber gelang im Frühjahr 2000 erstmals eine künstliche Befruchtung aus laborgereiften Eizellen.

Bis Oktober 2007 war er Vorsitzender der österreichischen Bioethikkommission. Besondere Bekanntheit erlangte er durch Vorträge, Kurse und mehrere Bücher über Altersforschung bzw. Anti-Aging, Hormon- und Frauenmedizin sowie gesunde Lebensführung.

drhuber.at

Johannes Huber

Die Entstehung menschlichen Vertrauens

Als Sigmund Freud im zu Ende gehenden Jahr 1899 seine „Traumdeutung“ veröffentlichte, stellte er ihr ein großartiges Zitat Vergils aus der „Aeneis“ voran: *Flectere si nequeo superos acheronta movebo* („Wenn ich schon nicht die Götter bewegen kann, dann werde ich wenigstens die Unterwelt in Bewegung setzen“).

Unterbewusstes bewegt und begleitet uns tatsächlich ein Leben lang – so auch die frühkindliche Prägung, Vertrauen zu haben und Vertrauen zu schenken,

Es war eine der fundamentalen Erkenntnisse Sigmund Freuds, dass unsere Weltwahrnehmung unbewusst von der Verfasstheit des Subjekts bestimmt wird, was C. G. Jung mit dem Begriff der archetypischen Präformierungen weiterdachte, die der bewussten menschlichen Erfahrung vorausgingen und ihren Charakter bestimmten. Als Neukantianer stand C. G. Jung damit auch in der Tradition Immanuel Kants, dessen Formen und Kategorien a priori den menschlichen Geist und seine Weltinterpretation strukturieren.

Menschliches Vertrauen ist zweifellos ein derartiges Strukturelement und scheint unmittelbar peri- und postnatal seine entscheidende Vorprägung zu bekommen bzw. schon intrauterin und präkonzeptionell angelegt zu werden; damit nähert sich die neueste biologische Forschung den philosophischen Begriffen der Archetypen, Formen und Kategorien, und zwar mit den noch nicht so lange beforschten evolutionären Phänomenen, die unter den Begriffen „Epigenetik“ und „microRNA“ das medizinische Verständnis zu verändern beginnen. Biologisch gesehen handelt es sich um elektrische DNA-Ladungszustände bzw. Ablesemodalitäten, die in biologischen Zeitfenstern von der Außenwelt geprägt werden und uns ein Leben lang begleiten.

Dies trifft auch auf die Geburt des menschlichen Urvertrauens zu, das sich schon intrauterin – wenn man von der präkonzeptionellen Phase zunächst absieht – initialisiert. Bereits ab der 30. Schwangerschaftswoche – und das zeigen Studien in beeindruckender Weise – beginnt das Kind in utero phonetische Eindrücke wahrzunehmen, die präferenziell von der Mutter kommen; aber auch ihr Stoffwechsel und ihr circadianer Rhythmus werden vom Fetus im letzten Schwangerschaftstrimenon perzipiert; über das Fruchtwasser registriert das Kind Geschmacksimpulse der Mutter; vor allem aber beginnen mit den Kindesbewegungen und der Berührung maternalen Gewebes die taktilen Impulse, die später im Streicheln des Kindes ihre Fortsetzung finden. Auf diese erste intrauterine Prägephase des Kindes passt der Freud’sche Begriff des „ozeanischen“ Wohlbefindens. Die Geburt selbst ist ein elementares Trennungsereignis – der bekannte Psychiater Stanislav Grof hat dieses hervorragend analysiert –, das aber durch die unmittelbare postnatale Zuwendung wieder überstanden werden kann; dabei bestätigt sich erstmals und elementar prägend das

Vertrauen zu jener Bezugsperson, mit der man schon Wochen vorher kommunizierte. Dies wird derzeit in Arbeiten wie „Effect of in utero and early-life condition on adult health and disease" *(The New England Journal of Medicine)* intensiv beforscht; Fehlen postpartal die taktilen Reize der Mutter (das Kind muss so oft wie möglich gestreichelt und abgeschmust werden), bleiben die Promotorregionen des Glukokortikoid-Rezeptor-Gens hypermethyliert, und das Kind wird spätere Stresssituationen wie mit einem Schallverstärker erleben – ohne das Vertrauen, am Ende doch Sicherheit zu bekommen. Dies ist nur ein Beispiel von vielen, das illustriert, dass Kinder trotz des fertigen Genoms völlig unreif zur Welt kommen und durch intensive Zuwendung erst „beschrieben" werden müssen. Fehlen diese ersten prägenden Zuwendungsrituale, dann steigt das Risiko eines Vertrauensschwundes im späteren Leben.

Natürlich gibt es später noch weitere Prägefenster, in denen der Vertrauensverlust wieder wettgemacht werden kann – allerdings sollten die ersten Zeiten der Vertrauensentstehung genutzt und im Aufklärungsunterricht erklärt werden. Das wäre ein Beitrag, um Vertrauen in unserer Gesellschaft zu festigen.

Das berechtigte Vertrauen auf gesicherte Bindungen, die das Überleben optimieren, ist besonders beim Homo sapiens elementar; wegen des aufrechten Ganges konnte sich das weibliche Becken maximal mit einem Durchmesser von zehn Zentimetern öffnen, was der Hauptgrund ist, warum das Menschenkind – im Unterschied zu vielen anderen Säugern – völlig unreif zur Welt kommt und auf besondere Überlebenshilfen angewiesen ist, auf die es auch vertrauen können muss. Dafür hat die Hirnanhangdrüse ein Uralthormon abgestellt, das jene Bindung endokrin

„eingraviert", auf die das Neugeborene vertraut, um überleben zu können, und das dieses Vertrauen auch hormonell absichert. Wird ein Kind geboren und gestillt, bildet der Hypophysenhinterlappen das Uralthormon Oxytocin, das in der Mutter jene cerebralen Aktionspotenziale freisetzt, die die Bindung zum Kind, auf die dieses vertrauen muss, einzementiert. Das Vertrauen und auch die Gewährleistung auf das Vertraute werden mit einem biochemischen „Schalter" aufgedreht. Ähnliches ereignet sich beim Geschlechtsverkehr: Die Überlebenswahrscheinlichkeit des völlig hilflosen *Neonatus* ist seit mehr als hunderttausend Jahren größer, wenn sich zwei Menschen um ihn kümmern – Mutter und Vater. Dass diese in einer biologischen Bindung um des Kindes willen beisammenbleiben, darauf muss das Kind vertrauen, und dass dieses Vertrauen auf ein biologisches Fundament gebaut ist, dafür sorgt ebenfalls das Oxytocin. Interessanterweise wurde dieses Oxytocin auch bei Bankern und Wirtschaftstreibenden untersucht: Je höher der Pegel dieses Hormons war, umso größer war auch das Vertrauen in diesen kompetitiven Berufen.

Aber nicht nur die peri- und die postnatale Lebensphase sind die Geburtszeiten für menschliches Vertrauen – auch die ersten Lebensjahre im Kreis der beschützenden und edukativen Eltern vertiefen das entstehende Vertrauen.

Gute wissenschaftliche Daten zeigen, dass beim Homo sapiens evolutionäre Faktoren verantwortlich waren, dass Kinder länger im Umfeld der Eltern blieben und größere Familieneinheiten entstanden, denen es zu verdanken ist – ebenfalls wissenschaftlich gut abgedeckt –, dass eine unbedeutende afrikanische Affenart in großen Entwicklungssprüngen zum modernen Menschen wurde. Die Evolution hat dabei zahlreiche Mechanismen geschaffen, die einen endokrinen Kitt der Familie darstellen. Ermöglicht wurde es, dass die Stillzeit des Homo sapiens kürzer war als bei unseren Vorfahren – damit konnte die Mutter in kleineren Abständen wieder schwanger werden; andererseits setzte bei den Menschenkindern die Pubertät später ein, was einen längeren Verbleib im größer werdenden Verwandtschaftsverband bewirkte – die Familie war damit geboren und damit die beste Schule, die das Kind auf das Leben vorbereitet und ihm auch Vertrauen einflößt.

Natürlich kann Vertrauen auch später im Leben erworben, vertieft, aber auch verloren werden – die entscheidenden Prägemomente sind jedoch die ersten Lebensjahre, und das hat auch eine gesellschaftliche Relevanz.

„Aufgeben ist keine Option – wir alle müssen bis zum letzten Atemzug für eine gerechte, faire, zukunftsfitte Welt kämpfen."

MONIKA LANGTHALER

Monika Langthaler

ist Direktorin der Schwarzenegger Climate Initiative und Organisatorin des AUSTRIAN WORLD SUMMIT, einer der größten internationalen Klimakonferenzen.

1983 maturierte sie am Gymnasium in St. Pölten und nahm im selben Jahr ihr Studium am Kolleg für Technische Chemie in Wien auf, welches sie 1986 erfolgreich beendete. Im Jahr 1999 absolvierte sie zusätzlich das Masterstudium „Environmental Management" am Wye College der University of London.

Sie wurde 1990 als damals jüngste Abgeordnete in den Nationalrat gewählt, in dem sie von 1990 bis 1999 für die Grünen aktiv war. In dieser Zeit war sie außerdem für drei Jahre im Europarat tätig und arbeitete an diversen Klimaprojekten der UN mit.

Seit dem Jahr 2000 ist sie geschäftsführende Gesellschafterin des Beratungsunternehmens brainbows, das auf die Themenbereiche Nachhaltigkeit sowie Energie & Klimaschutz spezialisiert ist. Als Direktorin der Schwarzenegger Climate Initiative organisiert Langthaler seit 2017 den AUSTRIAN WORLD SUMMIT mit Arnold Schwarzenegger in Wien. Die Organisation hat das Ziel, Bewusstsein für die Dringlichkeit der Klimakrise zu schaffen, bereits funktionierende Lösungen vor den Vorhang zu holen sowie als „Matchmaker" potenzielle Akteure für die rasche Umsetzung nachhaltiger Projekte zu verbinden. Seit 2023 betreibt sie außerdem in Asparn/Zaya im nordöstlichen Weinviertel den AUSTRIAN WORLD SUMMIT Solutions Hub.

Monika Langthaler

Don’t look up?

Was tun in einer Welt, die kaputtzugehen droht?

Vor kurzem brauchte ich für eine Einladung ein schönes digitales Foto mit einem bestimmten Hintergrund. Ich fand eines, das perfekt gewesen wäre, doch leider waren darauf auch noch andere Menschen zu sehen. Mein junger Assistent brauchte genau fünf Minuten, um alle unerwünschten Personen rauszuretuschieren, und somit war das Foto dann doch perfekt. Kein neues Phänomen, das passierte in Diktaturen schon vor Jahrzehnten mit unliebsamen Genossen, trotzdem – nun sind diese Möglichkeiten in jeder Hinsicht universell.

So mischte sich in meine Freude über die schnelle Lösung meines Problems mindestens ebenso viel Unbehagen. Welchem Foto, welchem Video, welchen Berichten kann ich noch trauen? Welche Instanzen fühlen sich noch einer Wahrheit und Ehrlichkeit verpflichtet? Kann ich den Repräsentanten des Staates, der Kirche, der Wissenschaft, ausgesuchten Medien oder doch nur mehr meinem ganz unmittelbaren Umfeld, meinen engsten „Verbündeten“ trauen, vertrauen?

Der US-amerikanische Drehbuchautor und Filmregisseur Adam McKay hat 2021 mit seiner schwarzhumorigen Komödie „Don't Look Up" eine aus den Fugen geratene Welt grandios eingefangen und seine eher dystopische Antwort mitgeliefert. Im Film versuchen eine Wissenschaftlerin und ein Wissenschaftler, dargestellt von Jennifer Lawrence und Leonardo DiCaprio, die Menschheit davon zu überzeugen, dass sich ein Asteroid im Anflug auf die Erde befindet und ohne effektives Handeln der Planet zerstört wird. Doch Achselzucken ist die Antwort einer mit sich selbst beschäftigten und zutiefst korrupten Welt, repräsentiert von einer trumpistischen, lächerlichen Politik, einer korrumpierten Medienlandschaft, selbstverliebten IT-Moguln und einer überforderten Bevölkerung. Obwohl vermeidbar, trifft der Komet am Ende die Erde und zerstört sie. Und selbst die kleine reiche Elite, die sich auf den scheinbar sicheren nächsten Planeten befördern lässt, findet kein Happy End. Ein großartiger Film, der uns riesengroß den Spiegel vor das Gesicht hält und vielleicht gerade deshalb kein Kassenschlager wurde.

Zwar berichten unsere Klimaforscher:innen nicht vom Ende der Welt in den nächsten sechs Monaten – doch ungemütlich ist es bereits jetzt, und es wird infolge der Klimakrise noch erheblich ungemütlicher werden. Ich selbst arbeite seit 1986 in diesem Bereich, die Prognosen sind spätestens seit Ende der 1990er-Jahre in der Wissenschaft unumstritten, doch niemand hat uns zugehört. Mittlerweile hört uns die Politik zwar zu – und trifft entweder keine Entscheidungen oder die falschen.

Warum ist das so? Was muss noch alles brennen, überflutet und zerstört werden, bis die maßgeblichen Entscheidungsträger:innen endlich kapiert haben, dass ihre Politik uns in ein fundamentales Desaster führt? Neben der Klimakrise beschäftigt uns zu allem Überfluss eine geopolitische Krise nach der anderen, wir alle können die Diskussion über das Aufeinandertreffen multipler Krisen kaum mehr ertragen.

Zusammenarbeit, Kooperation, Dialog und vor allem wechselseitiges Vertrauen wären also ein Gebot der Stunde.

Allerdings passiert genau das Gegenteil. Das Vertrauen in Institutionen ist unter Druck wie noch nie – und wäre doch gleichzeitig Basis für alle Lösungsversuche. Denn für das Funktionieren einer demokratischen Gesellschaft ist wechselseitiges Vertrauen essenziell.

Skeptische Gemüter werden es eher mit dem von Lenin überlieferten Satz „Vertrauen ist gut, Kontrolle ist besser“ halten. Denn letztlich hat Vertrauen viel mit einem Gefühl zu tun, einem Gefühl, das Bindungen stärkt und darüber eine Einigkeit, einen Konsens schafft. Letztlich gibt der Vertrauende Kontrolle ab, hat keinen Einfluss auf das, was passiert, und macht sich verletzlich. Diktatoren wie Putin oder Xi Jinping vertrauen somit nur einem sehr kleinen Kreis und letztlich allein sich selbst, in ihrer Paranoia treffen sie dann mitunter monströse Entscheidungen.

Somit ist Vertrauen ein Grundpfeiler in einer Demokratie, ein Grundbegriff ethischen Denkens und Grundlage gesunder Beziehungen – unverzichtbar für die Lösung unserer enormen globalen, aber auch lokalen Probleme.

Für mich persönlich sind es die politisch Verantwortlichen – von uns mit Macht ausgestattet, zu handeln und Krisen zu meistern –, die zuallererst in der Pflicht sind, verlorenes Vertrauen zurückzugewinnen. Indem sie halten, was sie versprechen, als Vorbild und als Diener:innen des Volkes im edelsten altmodischen Sinne agieren und auch unpopuläre, aber notwendige Schritte umsetzen. Doch was sich uns hier in den letzten Jahren präsentiert, bei weitem nicht nur in Österreich, ist beschämend und in weiten Bereichen abstoßend.

Jahrzehntelang schien es – jedenfalls in der westlichen Welt – nach den Katastrophen von zwei Weltkriegen politischer Konsens zu sein, populistischen Reizen weitgehend zu entsagen, wenigstens wenn es sich um substanzielle demokratische Werte handelt. Und jene Politiker:innen, die nachweislich und wider besseres Wissen lügen und hetzen, zu ächten, sie klar zu benennen und mit demokratischem Konsens von wichtigen Ämtern fernzuhalten.

Grundtugenden wie Gerechtigkeit, Ehrlichkeit, Transparenz, Zusammenarbeit, Dialog und Rücksichtnahme auf Minderheiten spielen in den Reden wichtiger Entscheidungsträger:innen nach wie vor eine zentrale Rolle, doch in der gelebten Praxis bleiben die Worte weitgehend hohle Phrasen. Der Grund für den Niedergang der großen Volksparteien liegt aus meiner Sicht genau darin: an den offenkundigen Lügen und Widersprüchen wichtiger Politiker:innen, an Handlungen wider besseres Wissen. Die steigende Skepsis der Menschen in Bezug auf die Lösungsfähigkeit von Demokratien ist dabei ein katastrophaler Kollateralschaden – den anscheinend viele Politstrateg:innen genüsslich als Ausgleich für kurzfristige Wahlerfolge in Kauf nehmen.

Was ist also zu tun?

Das kann und muss jede und jeder in seinem Einflussbereich täglich entscheiden und vor sich rechtfertigen. Wir können uns täglich dazu aufraffen, gute Menschen zu sein, die es als vornehme Pflicht sehen, für eine gerechte und für viele Menschen lebbare Zukunft zu arbeiten. Wir können aus dem Gefühl, etwas Gutes zu tun, täglich einen Mehrwert und eine tiefe Befriedigung für uns selbst und für viele andere generieren und die vielen Lösungen, die es gibt, entdecken und ihnen zum Durchbruch verhelfen. Es ist unsere Entscheidung, aktiv unsere Welt anhand der Wertvorstellungen, die uns wichtig sind, zu gestalten, jeden Tag und jede Minute. Wir können uns dafür entscheiden, einer herausfordernden Zeit mit Optimismus zu begegnen, anstatt anonym Hass und Wut zu verbreiten. Wenn die Welt in Trümmer zu gehen droht, ist es umso mehr unsere Pflicht, dem in unserem Wirkungsbereich mit allen Mitteln entgegenzuarbeiten. Denn am Ende sind wir Menschen eine vernunftbegabte Spezies, die aus der Vernunft auch wieder ein Vertrauen schaffen kann.

Aufgeben ist keine Option – wir alle haben die verdammte Pflicht, bis zum letzten Atemzug für eine gerechte, faire und zukunftsfitte Welt zu kämpfen.

Vielleicht schließt sich auf diese Weise der Kreis zu dem erwähnten Kometen von „Don't Look Up" – denn bei genauer Betrachtung ist selbst im Wort Finsternis der „Stern" enthalten. Also bitte „raufschauen"!

„Es tut gut und wirkt regelrecht
zu reden und voneinander

erlösend, wenn Menschen miteinander
zu lernen versuchen." ARNOLD METTNITZER

Arnold Mettnitzer

Geboren 1952 in Gmünd/Kärnten.
Studium der Theologie in Wien und Rom.

Seit 1996 Psychotherapeut in freier Praxis in Wien. Buch- und Hörbuchautor zu Fragen von Gesundheit und gelungenem Leben. Freier Mitarbeiter des ORF. Vizepräsident der Internationalen Christine Lavant Gesellschaft mit Sitz in Wien. Präsident des 2020 in Moosburg/Kärnten gegründeten Vereins zumglueck.jetzt – Initiativen zur Veredelung der Zeit.

mettnitzer.at

Arnold Mettnitzer

Wir brauchen „Herzohren“

Die Weisheit der Antike als Heilmittel gegen die Klimakrise

In beinahe allen Bereichen unserer Gesellschaft erleben wir im Moment eine Klimakrise, die nicht mit „Erderwärmung“, sondern mit „Kälte“ zu tun hat und mit einem damit verbundenen Vertrauensschwund allen politischen und sonstigen Verantwortungsträgern gegenüber. Die Folge ist ein beeindruckend lautes Getöse aus Halbwahrheiten, Meinungsblasen, Propaganda, Euphemismen, Fake News und Verschwörungstheorien. Erst wenn möglichst viele in der Gesellschaft sich wieder gemeinsam für eine Gesprächskultur verantwortlich wissen, die Friedrich Hölderlin im Fragment eines seiner Gedichte einst davon hat träumen lassen, nicht nur Gespräche zu führen, sondern eines zu sein, erst dann ist Besserung denkbar. Gespräche, in denen möglichst alle „hören können voneinander“ und sich so von den Dampfplauderern unterscheiden, deren Wörter im besten Fall „heiße Luft“, im schlimmsten Fall den „Krieg der Wörter“ zur Folge haben. Wie bei Krankheiten beginnt auch hier das Übel zunächst unbemerkt; erst nach und nach wird sichtbar, was schon lange vor Ausbruch der Krankheit begonnen hat: So erzählt mir die Führungskraft eines großen Unternehmens, sie habe 1500 Beschäftigte „unter sich". Auf meine Frage, wie die ihr Untergebenen „unter sich" wohl über ihre Vorgesetzten reden, bekomme ich zur Antwort: „Wenn wir uns auch darum noch kümmern müssten, kämen wir zu nichts anderem mehr!" Das Gespräch, das sich daraus entwickelt, macht uns beide nachdenklich. Zu guter Letzt landen wir bei der Weisheit des Konfuzius (†479 v. Chr.): *Wenn die Worte nicht stimmen, dann ist das Gesagte nicht das Gemeinte. Wenn das, was gesagt wird, nicht stimmt, dann stimmen die Werke nicht. Gedeihen die Werke nicht, so verderben Sitten und Künste. Darum achte man darauf, dass die Worte stimmen. Das ist das Wichtigste von allem.*

In den Räumen der „Kleinen Zeitung" in Klagenfurt konnte ich diesbezüglich im Rahmen eines „Bürgerdialogs" am 24. Juli 2023 ein kleines Sommerwunder erleben: Der Erste Vizepräsident des Europäischen Parlaments, Othmar Karas, und der Landeshauptmann von Kärnten, Peter Kaiser, sprachen miteinander zum Thema „Kann man der Politik noch vertrauen?". Der Verlauf des Abends war ermutigend, weil dabei phasenweise geradezu nobel eine Gesprächs- und Streitkultur zu erleben war, die auf „Diskussion" im Sinne von „Auseinanderschlagung" (als ursprüngliche Bedeutung des lateinischen Wortes) verzichten konnte. Es ging um Begegnungsqualität und um eine Gesprächskultur, deren Klang der Stimme hinter den Worten und zwischen den Zeilen wohlgetan hat. Dabei haben sich die beiden Gesprächspartner weder selbstgefällig auf die eigene Schulter geklopft noch sich gegenseitig Rosen gestreut; man konnte erleben, wie gut es tun und wie erlösend es sein kann, wenn Menschen, während sie miteinander reden, voneinander zu lernen bereit sind. Keiner der beiden hinterließ den Eindruck, lediglich die „parteipolitische Sprechpuppe" (Othmar Karas) seiner Gesinnungsgemeinschaft zu sein.

Ein wesentlicher Bestandteil eines guten Gesprächs lebt vom Klang der Stimme hinter den Worten und zwischen den Zeilen. Dieser Klang als der „gute Ton“ aller Kommunikation, als verlässlicher Schutz gegen jede Art der Dampfplauderei verdankt sich einer anatomischen Besonderheit, auf die bereits vor Jahren der internationale Klangforscher Alexander Lauterwasser hingewiesen hat. Demnach besteht zwischen dem Kopf als dem wachen Bewusstseinspol, dem Kehlkopf, der die Stimmbänder in Schwingung versetzt, und dem Herzen als dem Mittelpunkt des Inneren ein geheimnisvoller Zusammenhang. Gewöhnlich nehmen die vom Gehirn ausgehenden, sogenannten „effektiven“ Nervenbahnen den kürzesten Weg hin zu jenen Muskelregionen, die eine bestimmte Bewegung ausführen sollen. Bei jenen Nerven jedoch, die die Bewegungen der Kehlkopfmuskulatur und damit den Klang der Stimme formen, gibt es einen für beide Körperhälften unterschiedlichen Strang, der sonderbarerweise zunächst bis zum Herzen geht und dann wieder zum Kehlkopf zurückläuft.

Aus diesem Verlauf der Nervenbahnen zieht Lauterwasser den Schluss, dass es im Grunde ohne unser Herz keine Stimme gibt, keinen Klang! In jedem durch den ausströmenden Luftzug hervorgehenden und erklingenden Ton, in jedem Klang der Stimme schwingt und wirkt so das Herz auf wundersame Weise mit. Noch rätselhafter und in ihrer Bedeutung und Funktion bis heute für die Anatomen anscheinend gar nicht erklärbar sind zwei kleine Ausbuchtungen an den Innenwänden der beiden Vorhöfe des Herzens selbst, denen man den Namen „Herzohren“ gegeben hat. Klangforscher schließen daraus, dass Menschen, wenn sie tatsächlich miteinander reden wollen, „Herzohren“ brauchen, ohne die alles Reden seelenlos bliebe!

In der antiken Tempelmedizin jedenfalls galt ein solches Reden mit Herzohren als das erste und wichtigste Instrument der Heilkunst des Asklepios; es beginnt damit, einen Menschen „wahr“ zu nehmen, ihn zu fragen, wie es ihm geht, was er hat, was ihm fehlt, wie er sich fühlt, womit man ihm helfen könnte. Das alles kann nur gelingen in einer Grundhaltung von Empathie, einem Einfühlungsvermögen, das am Schicksal eines anderen Menschen interessiert ist und daran im besten Sinne des Ausdrucks „Lebensnot wendend“ Anteil nimmt.

Seit jeher versuchen Menschen mit ihrer Sprache Brücken zueinander zu bauen, machen dabei allerdings immer wieder auch die Erfahrung, dass ihre Versuche zur Quelle von Missverständnissen werden.

Hans Magnus Enzensberger, der Dichter, Schriftsteller und genaue Sprachanalytiker, hat in diesem Zusammenhang die Medien (vor allem die elektronischen) als Hauptinstrumente einer „Bewusstseins-Industrie“ entlarvt und ihnen weitgehende Steuerungs- und Kontrollmacht über die spätindustrielle Gesellschaft vorgeworfen. Überzeugt davon, dass ein „repressiver Mediengebrauch“ die Entmündigung des Einzelnen zur Folge hat und ohnmächtige, entpolitisierte Konsumenten „erzeugt“, forderte er einen „emanzipatorischen Mediengebrauch“, der jeden Empfänger zum Sender macht und ihn politisch eingebunden Verantwortung übernehmen lässt. Denn nur so wird er die Welt, in der er lebt, und die Gesellschaft, deren Mitglied er ist, mitgestalten können.

Enzensberger ist es aber auch, der dabei auf eine grundsätzliche Schwierigkeit aufmerksam macht: Weil bei dem, was sie zu sagen versuchen, genau betrachtet sogar die Dichter lügen, bedarf es eines psychokriminologischen Fingerspitzengefühls, eines durch nichts zu übertreffenden Verantwortungsbewusstseins, damit unser Reden gelingen kann. Zur Untermauerung dieser seiner These formuliert Enzensberger *Weitere Gründe dafür, daß die Dichter lügen:*

Weil der Augenblick / in dem das Wort *glücklich* / ausgesprochen wird, / niemals der glückliche Augenblick ist. / Weil der Verdurstende seinen Durst / nicht über die Lippen bringt. / Weil im Munde der Arbeiterklasse / das Wort *Arbeiterklasse* nicht vorkommt. / Weil, wer verzweifelt, / nicht Lust hat, zu sagen: / „Ich bin ein Verzweifelnder." / Weil Orgasmus und *Orgasmus* / nicht miteinander vereinbar sind. / Weil der Sterbende, / statt zu behaupten: / „Ich sterbe jetzt", / nur ein mattes Geräusch vernehmen läßt, / das wir nicht verstehen. / Weil es die Lebenden sind, / die den Toten in den Ohren liegen / mit ihren Schreckensnachrichten. / Weil die Wörter zu spät kommen, / oder zu früh. / Weil es also ein anderer ist, / immer ein anderer, / der da redet, / und weil der, / von dem da die Rede ist, / schweigt."

Hans Magnus Enzensberger (1929–2022), „Gedichte 1950–2020",
suhrkamp taschenbuch 5013, 2. Auflage (Seite 105), Berlin 2023

„Als vermeintlichen Pseudo-Glücks-Vergleichsportalen kommt den sozialen Medien eine tragende Vermittlerrolle zu." LUKAS PERMAN

Lukas Perman

Geboren 1980 in Oberösterreich, erhielt er seine Ausbildung als Schauspieler und Sänger am Mozarteum Salzburg und an der Musik und Kunst Privatuniversität Wien. Bereits während des Studiums debütierte er 2003 im Musical „Elisabeth“ im Theater an der Wien. 2005 übernahm er die Titelrolle in der deutschsprachigen Erstaufführung von „Romeo & Julia“ im Raimund Theater. Es folgten in den letzten zwei Jahrzehnten zahlreiche Engagements in Hauptrollen, bei den Vereinigten Bühnen Wien (u. a. „Tanz der Vampire“, „I Am from Austria“), an der Wiener Volksoper, der Bühne Baden, dem Salzburger Landestheater etc. sowie als Solist in zahlreichen japanischen Produktionen.

Neben seiner Bühnentätigkeit veröffentlichte er zahlreiche CDs (u. a. bei Sony Music Deutschland, Yamaha Music Japan, Universal Österreich). Darüber hinaus ist er als Moderator bei Konzerten, Galas, Events und im TV tätig (u. a. „Licht ins Dunkel“, „Wir spielen für Österreich“).

Seit 2010 produziert und veranstaltet Lukas Perman Konzerte und Musiktheater-Produktionen (u. a. im Raimund Theater, Ronacher und der Wiener Stadthalle).

Für sein „künstlerisches Wirken und soziales Engagement“ für diverse nationale und internationale Hilfsorganisaitonen wurde er 2011 mit einer Tara bei der „life goes on“-Gala ausgezeichnet, 2019 wurde ihm das „Goldene Ehrenzeichen der Republik Österreich“ verliehen.

lukas-perman.at

Lukas Perman

Vertrauen

Enttäuschung lässt Vertrauen schwinden.

Der Vertrauenskrise, welche über weiten Teilen Europas und den westlichen Demokratien zu erkennen ist, liegt meiner Meinung nach die zersetzende Krankheit unseres kapitalistischen Systems zugrunde. Der Kapitalismus *ent-täuscht* sich nun endgültig in seiner Fähigkeit, stabile Ordnung zu garantieren, und offenbart sich als unfaires, erbarmungsloses, moralfreies, zerstörerisches Modell.

Es enttäuscht, weil sich, aufgrund der wie ein Mantra gepredigten Formel „Schneller, höher, weiter", bei all dem Wohlstandsgewinn in unserem Teil der Erde nicht mehr Zufriedenheit und Glück eingestellt haben.

Im Gegenteil. Der ständige Drang nach mehr, der allgegenwärtige Konkurrenzkampf sowie der permanente Leistungsdruck haben Einzug in jeden Winkel unserer Kinderzimmer gehalten und spiegeln sich in kollektiven psychischen Erkrankungen wider.

Dabei kommt den Medien – von Werbung und Marketing manipuliert – eine tragende Vermittlerrolle zu. Allen voran den sozialen Medien, als vermeintlichen Pseudo-Glücks-Vergleichsportalen.

Die globalen Unruhen, angetrieben von den teils offen ausgefochtenen Kämpfen um schwindende Ressourcen, bringen die über Jahrzehnte bestehende (vermeintlich stabile) Ordnung gewaltig ins Wanken. Das Vertrauen in die Institutionen beginnt zu bröckeln. Die Menschen spüren, dass etwas nicht stimmt. Die Institutionen sowie die Politik wiederum versuchen der Bevölkerung Garantien zu geben, die sie in einem auf fragilen Säulen aufgebauten System im Grunde nicht halten können.

Anstelle von Vertrauen tritt Angst, gepaart mit Ohnmachtsgefühlen. Politisch bedeutet dies, dass der Nährboden für einfache Antworten in einer hoch komplexen, globalen Realität gegeben ist. Die Nutznießer dieser realen Ängste der Bevölkerung sind jene, die schreiend vermeintlich einfache Antworten geben – und doch nur die Sehnsucht der Menschen nach Stabilität für ihren Machtgewinn ausnutzen wollen.

Der Vertrauensverlust ist das Resultat eines Systems, das alles der Prämisse der Renditemaximierung unterwirft. Das Lobbying diverser Interessengruppen und Konzerne kennt keine Moral. Die Politik ist im neoliberalistischen System nur Spielball. Nicht das Gemeinwohl der Menschheit und des Planeten stehen als „Mission" auf den Headlines, es sind ausschließlich das Wachstum und die Rendite.

Der demokratische Wertekanon wird in der aktuellen Phase der Offenbarung der Inkompetenz dieses Systems, nachhaltig brennende Probleme zu lösen, immens strapaziert. Doch ist es genau dieser Wertekanon, auf den wir unser Vertrauen weiter setzen sollten. Es ist das festgelegte Maß an Menschlichkeit, auf das wir uns als Leitlinie fokussieren müssen, um das noch bestehende Vertrauen zu behalten und verlorenes wiederzubeleben. Die Grenzen der vertretbaren Moral werden ständig verschoben, weil uns bei großen Problemen „nichts Besseres einfällt". Damit steigt aber die generelle Unsicherheit, dass alles – wenn es denn vermeintlich nötig ist – ausgehebelt werden kann. Diese Praxis hat z. B. in der Corona-Krise sehr viel Gift und Unsicherheit in unsere Gesellschaft gegossen. Es wurde zu wenig zugehört und zu viel über die Menschen einfach hinweg entschieden.

Der Schlüssel könnte darin liegen, die Menschen mit ihren tiefer liegenden Ängsten und Bedürfnissen zu erkennen und nicht in ihren oberflächlichen Ausdrucksweisen zu stigmatisieren.

Kunst und Kultur kommt hier eine Vermittlerrolle zu, vorausgesetzt, sie schafft es, mit den Menschen auf Augenhöhe in Kontakt zu treten und die eigene Eitelkeit abzulegen.

Ähnliches gilt für die Religion. Ihre Rolle als direkter Vermittler wäre von unschätzbarem Wert im Wiederaufbau von Vertrauen. Doch bedarf es auch hier großer Reformen und gründlicher Aufarbeitung, ansonsten endet sie als museales Relikt abendländischer Traditionen, anstatt ihrer potenziellen Rolle als Begleiterin der Menschen in deren Sehnsüchten und Nöten gerecht zu werden und Vertrauen ins Leben zu schaffen.

Die Politik muss weg von der gelebten Praxis unverrückbarer Klientel- und kurzfristiger Opportunismuspolitik hin zu langfristigen Visionen, mit denen sie gesellschaftlichen und ökologischen Problemen begegnen kann – #GesellschaftlicheUngleichheit #ClimateChange #etc.

Eine immense Verantwortung in der weiteren Entwicklung unserer Gesellschaft trägt die Wirtschaft. Wir brauchen Führungspersönlichkeiten in allen Bereichen, für die, weg von blinder Renditemaximierung, als oberste Prämisse soziale und ökologische Verantwortung gilt – sowohl in Bezug auf Personalführung innerhalb der Betriebe und Konzerne als auch mit all ihren Botschaften nach außen zum Kunden. Die Wirtschaft mit ihrem verlängerten Arm zum Menschen in Form von Marketing/Werbung über die Medien hat einen enormen Einfluss auf das gesellschaftliche Mindset.

Um Vertrauen auf allen Ebenen wiederzugewinnen, müssen wir uns auch wieder zugestehen, Fehler machen zu dürfen und zu Fehlern zu stehen, um dadurch authentisch lernen und Dinge (und uns selbst) ändern zu können. Die daraus resultierende echte Begegnung mit dem Gegenüber im Menschsein gibt uns Vertrauen, dass wir „alle in einem Boot" sitzen. Das virtuelle Fake-Dasein, das mit unserem *Ich* nur wenig zu tun hat, entfernt uns voneinander und fördert gegenseitiges Misstrauen.

Auch unsere Führungspersönlichkeiten müssen vom allgegenwärtigen Perfektionismusanspruch befreit werden, um glaubwürdig langfristige Visionen verwirklichen zu können. Dann kann auch echtes Vertrauen wieder wachsen.

Im kapitalistischen System lebend, gilt es für uns, die Prämissen des Wachstums zu transformieren und den Erhalt unseres gesellschaftlichen Friedens, unserer Freiheit und die Gesundung unseres Planeten als oberste Mission zu deklarieren. Wenn dieser Weg – im steten Bewusstsein unserer Verantwortung künftigen Generationen gegenüber – ehrlich und aufrichtig beschritten wird, kann langfristig wieder echtes Vertrauen in unserer Gesellschaft wachsen.

Ein idealistischer Ansatz, den wir real werden lassen können.

„Es gibt die nicht geringere Schar derer, die das Vertrauen auf eine mögliche menschliche Zukunft nicht aufgeben wollen."

ERIKA PLUHAR

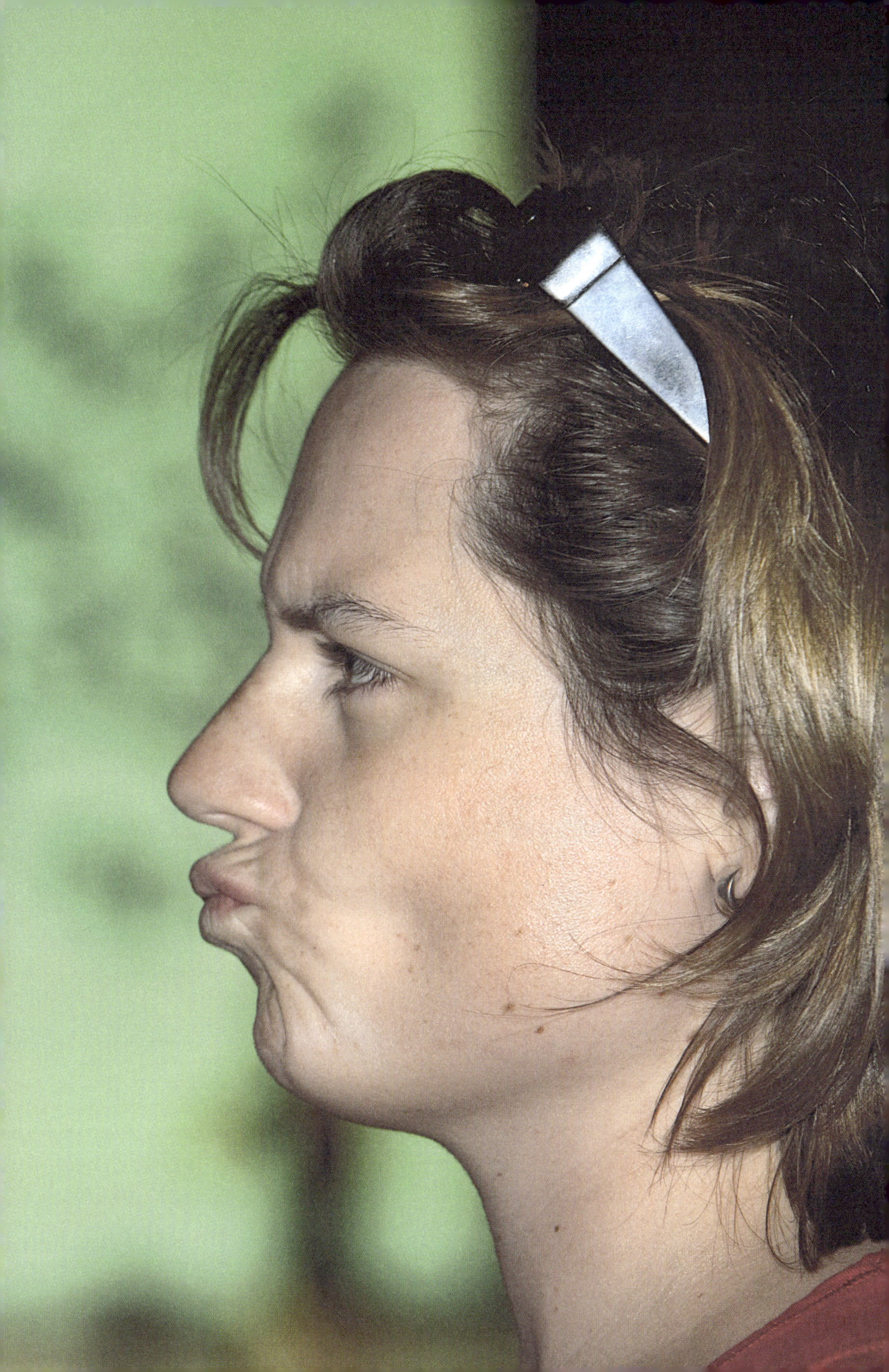

Erika Pluhar

Geboren 1939 in Wien. Nach Abschluss des Gymnasiums und des Max Reinhardt Seminars wurde sie an das Wiener Burgtheater engagiert und war dort vier Jahrzehnte lang als Protagonistin erfolgreich tätig. Auch durch Film und Fernsehen machte sie sich im gesamten deutschsprachigen Raum einen Namen. 40-jährig begann sie musikalisch zu arbeiten, wurde Interpretin ihrer eigenen Lieder, und gleichzeitig entstanden regelmäßig Bücher, die sie veröffentlichte. 60-jährig zog sie sich aus dem Beruf der reinen Schauspielerei völlig zurück. Sie arbeitete filmisch (Buch, Regie, Produktion), produzierte in Eigenregie ihre Tonträger, ging und geht, mit Konzerten und Lesungen stets konsequent die eigenen Inhalte vertretend, weiterhin vor Publikum. Als Schriftstellerin gab und gibt sie Bücher heraus, die auch gekauft werden und ihr eine treue Leserschaft gesichert haben, derer sich ihr Verlag erfreut – seit längerem ist es der Residenz Verlag. Zuletzt erschienen: „Die öffentliche Frau", 2013, und „Gegenüber", 2016. Meist werden die Hardcover-Ausgaben von Suhrkamp/Insel als Taschenbuch übernommen.

Erika Pluhar hält Vorträge, äußert sich politisch und ist, ohne je einer „Szene" gänzlich zugehörig gewesen zu sein, dennoch übergreifend nach wie vor öffentlich tätig: musizierend, schreibend, politisch Stellung beziehend.

erikapluhar.net

Erika Pluhar

Vertrauen

Wer wie ich als Kind (ich wurde 1939 geboren) den Zweiten Weltkrieg bewusst miterlebt hat, war davon gezeichnet. Das kindhafte Urvertrauen musste der Angst weichen. Es wurde danach Teil meines Erwachsenwerdens, dem Leben wieder weitgehend vertrauensvoller zu begegnen. Die Bemühungen der Nachkriegszeit, der Wiederaufbau, das „freie“ Österreich nach dem Abzug der Siegermächte, meine Freude am Schulbesuch und später auch der Schauspielschule – Theater, Filme, Literatur –, es folgten Jahre der Beruhigung. Auch der politischen Beruhigung. Das Potenzial an Ewig-Nazis schien sich zu verringern, unsere Demokratie erstarkte, die Wirtschaft gedieh.

In den Jahren vor der Pandemie war ich oft versucht, die Menschen hierzulande als „verwöhnte Pinkel“ zu bezeichnen. Alles war im Lauf der Zeit so selbstverständlich geworden. Ja, natürlich allerlei politisches Hickhack und Gezanke, immer Grund zu irgendeiner Kritik – jedoch sieben Jahrzehnte ohne Krieg! Generationen nach mir, die ihr Leben zur Gänze in Frieden, Freiheit und einigem Wohlergehen verbringen konnten. Die dem Staat letztlich vertrauten.

Was mich persönlich von Anfang an beunruhigt hatte, war die sogenannte „digitale Revolution" – sehr rasch verfolgt vom Unwesen der „social media". Sie haben Unvernunft, Fake News und Verschwörungstheorien aufwachsen lassen – die Vorläufer eines Zustandes, den Corona, Lockdown, verblödete Impfgegnerschaft und letztendlich der Ukraine-Krieg zur – zu Recht so genannten! – „Zeitenwende" werden ließen.

Ja, man musste plötzlich mit Veränderungen leben. Sein Leben andersartig behaupten. Das verunsichert. Obwohl mit Akribie im Smartphone herumtippend, sich „online" an allen Lebensgegebenheiten anpassend – die im Menschen stets lauernde Angst erwachte, das Vertrauen in die ehemals so unverrückbar erscheinenden Lebensbedingungen ging weitgehend verloren.

Und das, ohne vom Großteil der Menschen als Faktum oder als Aufruf wahrgenommen zu werden. Die Belästigung durch Kriegsflüchtlinge und Ausländer nimmt man wahr. Die Inflation und all die Teuerungen nimmt man wahr, als lauernde Existenzbedrohung. Die Klimakrise ist natürlich ärgerlich, auch bedrohlich, all der Wetterkapriolen wegen. Jedoch passiert die Umweltzerstörung letztlich anderswo, nicht hier bei uns. Diese sich vor den Autos festklebenden Umweltaktivisten machen nur wütend. Was heißt „letzte Generation"! Und dieser schreckliche Krieg in der Ukraine, die aufkeimende Bedrohung durch Atomwaffen – besser im TV ein anderes Programm wählen, die Berichte nicht allzu ausführlich anhören, bei uns ist es ja ruhig.

Und dennoch. Zutiefst herrscht sie, die Angst. Etwas ist verlorengegangen. Die ganze Selbstverständlichkeit unserer Zivilisation ist ins Wanken geraten. Wir kämpfen plötzlich mit einem Mangel an Arbeitskräften. Gastronomie, Spitäler, Altenheime, Pflegedienst – überall fehlen sie. Fehlt etwas.

Und der angstvoll Empörte stellt Fragen: Was ist los? Wo geschieht denn etwas dagegen? Wo bleiben wirksame Maßnahmen? Was macht sie eigentlich, diese Regierung? Befehle gab es, ja! Die Impfpflicht! Das war Diktatur! Beschnitt unsere Freiheit! Also nichts wie ein demonstrativer Schwenk hin zum unreflektierten Aufstand der „Freiheitlichen" und Esoteriker, zum Populismus, zum Schimpfen und Hassen!

Es kam weitgehend zum Schwinden einer Vertrauensbasis im Hinblick auf unsere Republik. Dass in den Ämtern trotz allem für das Funktionieren dieses Staatswesens gearbeitet wird, dass wir nach wie vor in einer Demokratie leben dürfen, dass in den Superläden trotz der Teuerungen immer noch alles, was es gibt, angeboten wird, man mehr und mehr Sozialmärkte entstehen lässt, dass unser Müll weggeschafft wird, dass für die, die es sich leisten können, wieder Flugreisen und Urlaube möglich sind, ja dass wir in unserem Land Österreich weltweit am menschlich unbesorgtesten leben dürfen – egal!

Die herrschende Politik hat's verbockt! Zurechtrücken kann das nur der Rechtsradikalismus, bei den Nazis war's doch prima. Oder man sucht Zuflucht in der sicheren Annahme einer Weltverschwörung! Lässt sich doch alles im Internet finden! Also aufpassen! Beschuldigen! Denunzieren! Unbedingt im Recht sein und keinerlei Schuld bei sich selbst suchen! Und niemandem vertrauen. Der Regierung nicht, der Gesellschaft nicht, der Jugend nicht, dem Nachbarn nicht. Die Solidarität zwischen Menschen hat, so scheint es, ausgedient.

Aber – so scheint es! Es gibt neben dem oben von mir beschriebenen Menschen-Potenzial eben auch die nicht geringere Schar derer, die Gegenteiligem in ihrem Leben Raum lassen. Die das Vertrauen auf eine mögliche menschliche Zukunft nicht aufgeben wollen. Die das würdevolle Menschsein nach wie vor verteidigen und erhalten wollen.

Was bleibt diesen also vorbehalten?

Nur innerer Widerstand, eigenes solidarisches Weiterhandeln und eine unversiegbare Hoffnung.

Und das ewige TROTZDEM.

„Der Austausch bleibt ein wichtiges Element einer Demokratie. Argumentieren, zuhören und reflektieren sind bereichernd."

KATRIN PRAPROTNIK

Katrin Praprotnik

Geboren 1986, ist Politikwissenschaftlerin und Projektleiterin des Austrian Democracy Labs (ADL) an der Universität Graz und Mitarbeiterin am Institut für Strategieanalysen. Sie forscht zu den Themen Demokratie und Politik in Österreich und war an der Donau-Universität Krems und am Fachgebiet für Politikwissenschaft an der Universität Hamburg tätig.

Ihre wissenschaftliche Laufbahn hat sie als Universitätsassistentin am Institut für Staatswissenschaft an der Universität Wien begonnen und in dieser Zeit an diversen wissenschaftlichen Projekten mitgewirkt.

Im Zentrum ihrer Arbeit steht heute die Analyse der Politik in Österreich, im Rahmen der Comparative Party Pledge Group (CPPG) kooperiert sie mit einem Team internationaler Wissenschaftlerinnen und Wissenschaftler, die es sich zum Ziel gesetzt haben, die politische Bilanz von Regierungen zu beleuchten.

katrin-praprotnik.com

Katrin Praprotnik

Vertrauen und Politik: keine Bauanleitung, aber eine Wunschliste

Blicken wir auf die vergangenen fünf Jahre, dann sehen wir einen klaren Vertrauensverlust der Bevölkerung in die Politik. Vertrauen kann aber nicht zurückgewonnen werden, indem wir uns zurückentwickeln. Es folgt eine Argumentation in drei Schritten: Beziehung, Befund und (k)eine Bauanleitung.

Eine paradoxe Beziehung zwischen Vertrauen und Politik

Vertrauen bedeutet den Verlust von Kontrolle im Austausch von mehr Möglichkeiten (Putnam 1993). Das beginnt im privaten Bereich – wenn ich darauf vertraue, dass mein Freund den Einkauf für das Abendessen erledigen wird – und geht bis in den beruflichen Bereich – wenn beispielsweise eine Kollegin mich bei einem wichtigen Termin vertritt. Vertrauen beinhaltet also immer den Glauben daran, dass mein Gegenüber meine Interessen nicht verletzen wird. Was bedeutet das für die Politik? In der Politik geht es allerdings genau um den Wettstreit verschiedener Interessen und das Ausverhandeln von Kompromissen. Darüber hinaus ist es anders als im privaten oder beruflichen Bereich im Regelfall so, dass man jene Menschen, denen man vertrauen soll, nicht persönlich kennt. Somit ist Vertrauen schenken hier gar nicht so einfach. Und warum ist die Beziehung auch noch paradox? Für das Funktionieren eines politischen Systems braucht es nicht nur das Vertrauen, sondern auch ein gewisses Maß an Misstrauen (Sztompka 2010). Bereits ein Blick in die Geschichte zeigt uns, dass die Entstehung repräsentativer Demokratien von Misstrauen geprägt war und politische Macht zwischen Institutionen aufgeteilt und so beschränkt wurde (Warren 1999). In Österreich ernennt der Bundespräsident beispielsweise die Bundeskanzlerin / den Bundeskanzler, die/der wiederum ihre/seine Regierungsmitglieder zur Ernennung vorschlägt. Die gesamte Regierung braucht die mehrheitliche Unterstützung im Nationalrat, um nicht durch einen Misstrauensantrag – schon allein an dieser Bezeichnung merkt man die Bedeutung von Vertrauen in der Politik – gestürzt zu werden. Ein gewisses Maß an Misstrauen ist unverzichtbar, damit im politischen Tagesgeschäft darauf vertraut werden kann, dass Spielregeln eingehalten werden. Blickt man auf die Bevölkerung, so gilt der einstige wissenschaftliche Befund, dass gute Demokratinnen und Demokraten eine stabile Bindung zu einer Partei aufweisen müssen, heute als überholt (Almond und Verba 1963). Wichtig ist ein Vertrauen zum demokratischen System als solchem, ein kritischer Blick auf das Verhalten der Parteien ist keinesfalls schädlich für eine funktionierende Demokratie (Welzel und Inglehart 2014).

Vertrauen in die Politik in Österreich

Es ist das Grundvertrauen in die Politik, das in den vergangenen Jahren gelitten hat. Diese Schlussfolgerung ergibt sich auf Basis der Daten des Demokratieradars, einer halbjährlich durchgeführten Online- und Telefonbefragung in Österreich (Perlot et al. 2020, Praprotnik et al. 2023). Tabelle 1 zeigt, dass zu Beginn des Demokratieradars, im Frühsommer 2018, noch 14 Prozent der Befragten angaben, „großes Vertrauen", und weitere 53 Prozent, „etwas Vertrauen" in die Politik in Österreich zu haben. Diese Werte haben sich im Herbst 2022 klar verschlechtert: Nur mehr 7 Prozent der Befragten äußerten „großes Vertrauen" und 35 Prozent „etwas Vertrauen" gegenüber der Politik. Gleichzeitig haben jene Werte des Misstrauens erheblich zugenommen.

Betrachtet man diese Ergebnisse im historischen Vergleich etwa auf Basis der Vertrauenswerte gegenüber Institutionen und Parteien, die im Rahmen des Eurobarometers der EU-Kommission seit Mitte der 1990er-Jahre erhoben werden, so bewegen wir uns wohl innerhalb der erwartbaren Schwankungsbreite, aber leider sehr klar an deren unterem Ende.[1]

Tabelle 1: Wenn man über Politik spricht, dann ja oft auch darüber, ob man Vertrauen in die Politik hat. Haben Sie in die Politik in Österreich alles in allem:

	2018	2022
großes Vertrauen	14	7
etwas Vertrauen	53	35
wenig Vertrauen	24	35
gar kein Vertrauen	7	21

Anmerkung: Angaben in Prozent. Rest auf 100 = keine Angabe (jeweils 2 %).
Quelle: Demokratieradar Welle 1 und Welle 10. n = 4.838/4.570, max. Schwankungsbreite: ±1,4 Prozentpunkte, Feldarbeit: 4.6.2018 bis 6.8.2018 / 22.9.2022 bis 28.11.2022, kombinierte Online- und Telefonbefragung.

[1] Die Ergebnisse der Eurobarometer finden sich online beispielsweise unter https://europa.eu/eurobarometer/screen/home.

Auftrag und Herausforderung zugleich

Bleibt die Frage, wie wir Politik und Gesellschaft mit der Herausforderung einer funktionierenden Beziehung mit dem richtigen Maß an Vertrauen und Misstrauen künftig sichern können. Eine Bauanleitung gibt es nicht, doch ein paar wesentliche Punkte sollen hier skizziert werden. Erstens ist sachliche Kritik erlaubt, darf aber nicht pauschalisierend eingesetzt werden. Das gilt für Parteien, die den politischen Mitbewerber kritisieren, für Medien, die über das politische Geschehen berichten, und für Bürgerinnen und Bürger, die mit einer Maßnahme nicht einverstanden sind. Zweitens, und ebenfalls alle Akteure ansprechend, bleibt der Austausch miteinander ein wichtiges Element für eine Demokratie. Argumentieren, zuhören und reflektieren, das ist nicht immer einfach und dennoch bereichernd. Drittens ist eine gesunde Fehlerkultur seitens der Politik erforderlich und die Einsicht seitens der Medien und der Bevölkerung, dass menschliches Handeln immer auch fehleranfällig ist. So kann es uns gelingen, gut gefestigt in die Zukunft zu blicken. Denn mit den Fortschritten auf dem Gebiet der Künstlichen Intelligenz warten Errungenschaften auf uns, die uns gerade in puncto Vertrauen vor ganz neue Herausforderungen stellen werden. Etablierte Akteure werden in einer Gesellschaft, in der Fake News auch in Form von Fotos und Videos professionalisiert werden, eine noch wichtigere Funktion übernehmen.

LITERATUR

Almond, Gabriel und Sidney Verba (1963). *The Civic Culture. Political Attitudes and Democracy in Five Nations.* Princeton: Princeton University Press.

Perlot, Flooh, Hermann, Andrea, Praprotnik, Katrin, Ingruber, Daniela, Hainzl, Christina (2020). *Democracy Radar Wave 1 (SUF edition).* https://doi.org/10.11587/16RCPU. AUSSDA. V1.

Praprotnik, Katrin, Oberluggauer, Patricia, Plescia, Carolina und Juen, Isabella (2023) *Democracy Radar Wave 10 (SUF edition).* https://doi.org/10.11587/GCSLIN. AUSSDA. V1.

Putnam, Robert D. (1993). *Making Democracy Work. Civic Traditions in Modern Italy.* Princeton: Princeton University Press.

Sztompka, Piotr (2010). *Does Democracy Need Trust, or Distrust, or Both?* in: Jansen, Stephan A., Schröter, Eckhard und Nico Stehr (Hg.): *Transparenz. Multidisziplinäre Durchsichten durch Phänomene und Theorien des Undurchsichtigen.* Wiesbaden: VS Verlag für Sozialwissenschaften, 284–291.

Warren, Mark E. (Hg.) (1999). *Democracy and Trust.* Cambridge: Cambridge University Press.

Welzel, Christian und Ronald Inglehart (2014). *Political Culture,* in: Daniele Caramani (Hg.). *Comparative Politics.* Oxford: Oxford University Press, 284–301.

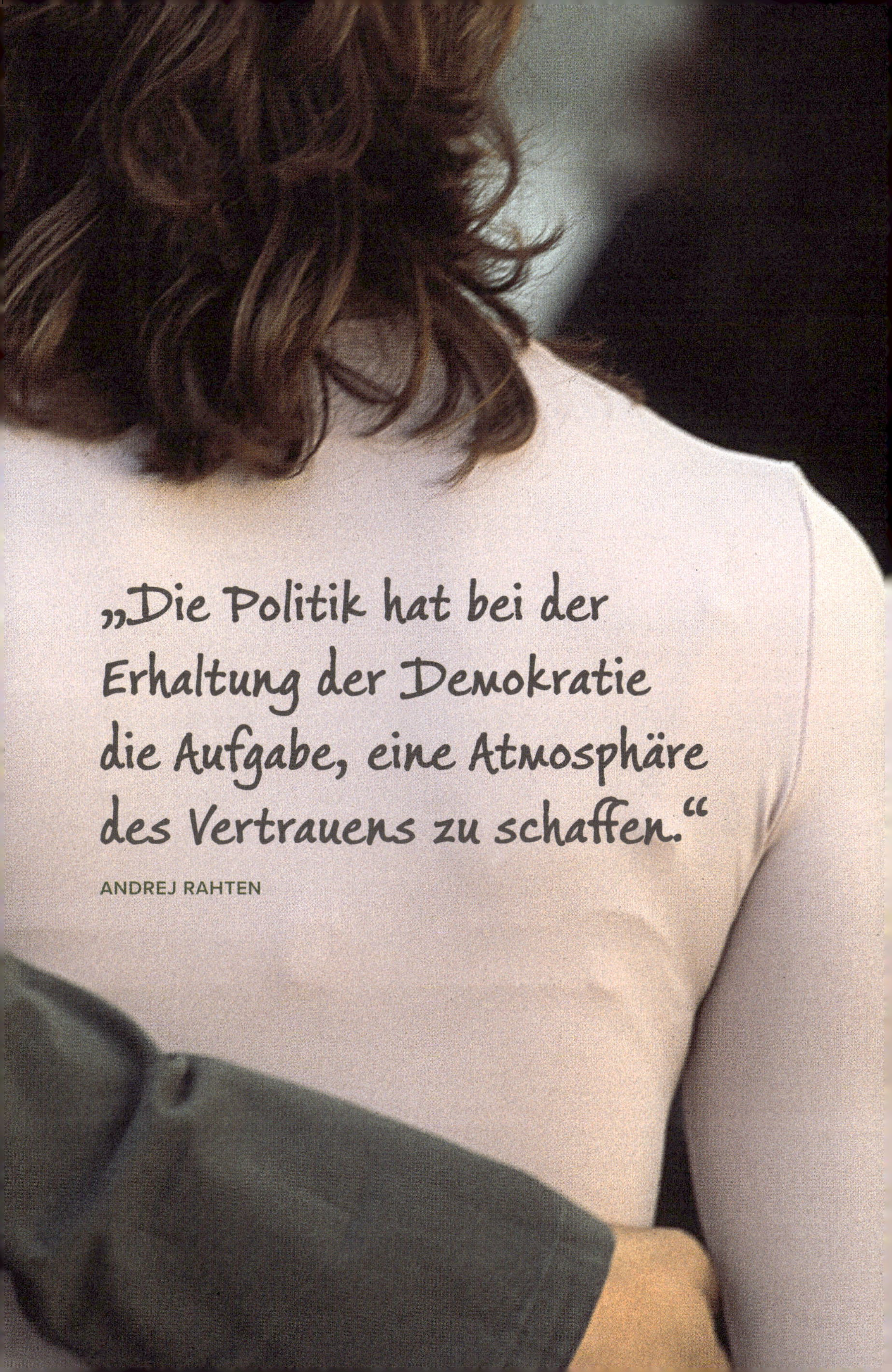

„Die Politik hat bei der Erhaltung der Demokratie die Aufgabe, eine Atmosphäre des Vertrauens zu schaffen."

ANDREJ RAHTEN

Andrej Rahten

wurde 1973 in Celje (Slowenien) geboren. Er studierte Geschichte an den Universitäten Ljubljana und Klagenfurt. Während des Studiums war er Stipendiat des Österreichischen und des Deutschen Akademischen Austauschdienstes. 1999 begann er als Historiker am Forschungszentrum der Slowenischen Akademie der Wissenschaften und Künste (ZRC SAZU) zu arbeiten. 2004 bis 2008 war er außenpolitischer Berater im Kabinett des slowenischen Premierministers. Er war Mitgründer der Bücherreihe Studia Diplomatica Slovenica (2007) und des Koordinationsausschusses zur Forschung der Diplomatiegeschichte (2008). 2013 wurde er zum Wissenschaftsrat am ZRC SAZU ernannt. 2015 wurde er als ordentlicher Professor für Zeitgeschichte der Universität Maribor habilitiert. 2013 bis 2017 war er Botschafter der Republik Slowenien in Wien. 2019 wurde er zum korrespondierenden Mitglied im Ausland der Österreichischen Akademie der Wissenschaften gewählt.

Er ist Träger des Großen Goldenen Ehrenzeichens am Bande für Verdienste um die Republik Österreich und des Goldenen Rathausmannes der Stadt Wien. Er ist u. a. Mitglied des internationalen Redaktionsausschusses des „Journal for Contemporary History" in Zagreb (seit 2002), von „Pilar – Journal for Social and Humanistic Studies" in Zagreb (seit 2006) und Studia Historica Slovenica in Maribor (seit 2018).

Andrej Rahten

Ist Vertrauen (immer noch) eine politische Kategorie?

Während meiner beruflichen Laufbahn befasste ich mich oftmals mit der Frage von Vertrauen. Obwohl der Begriff an sich eher dem Psychologiebereich zuzuschreiben wäre, ist er in allen Facetten des gesellschaftlichen Lebens präsent. Als Historiker und Diplomat betraf er mich vor allem im politischen Rahmen, wo ich ihn in der einen oder anderen Form seit der Gründung des slowenischen Staates zu Beginn der 90er-Jahre des 20. Jahrhunderts mitverfolge. Zumeist als Beobachter, zeitweilig aber auch als Akteur, was vor allem für den Zeitraum gilt, als ich in der Diplomatie des slowenischen Staates tätig war.

Während der Entstehung des Staates Slowenien brachten dessen Gründungsväter dieses historische Projekt sehr oft mithilfe von Vertrauen voran. Ohne Vertrauen wäre nämlich ein erfolgreiches Wirken der slowenischen Politiker nur schwer vorstellbar gewesen; der Druck des kommunistischen Regimes aus Belgrad war trotz des beim Volksbegehren 1990 klar kundgetanen Willens nach einer slowenischen Selbstständigkeit außerordentlich stark. Die Generäle der jugoslawischen Armee, deren Sitz sich weiterhin in Belgrad befand, behaupteten, die Armee sei die viertgrößte Macht in Europa, die Geheimdienste lauerten nach wie vor hinter jedem Schritt der slowenischen demokratischen Opposition, totalitäre und zentralistische Tendenzen waren bei verschiedenen Politikern klar umrissen. Unter solchen Umständen war ein hohes Ausmaß an Vertrauen zwischen den Gründungsvätern eine zwingende Voraussetzung für eine erfolgreiche Auseinandersetzung mit dem Regime in Belgrad.

Heute, mehr als drei Jahrzehnte später, erscheint es, dass Vertrauen als politische Kategorie an Schlagkraft verloren hat. Gefühle des Patriotismus waren in den ersten Jahren nach der Unabhängigkeit noch stark, aber sie verblassten allmählich, den sie wurden von Alltagssorgen, etwa wie man materielles Wohl erreichen könne, ersetzt. Wurden in den 90er-Jahren des 20. Jahrhunderts in der Staatspolitik noch „höhere Ziele“ angestrebt, die meistens von Bestrebungen zum Beitritt zur Europäischen Union und der NATO umrahmt waren, so ist heutzutage oft ein Gefühl vorhanden, dass die Nationalpolitik lediglich dem Macht- und Prestigespiel der Eliten dient. Es stimmt, dass in einer Demokratie die Anzahl der erzielten Abgeordnetenmandate das entscheidende Kriterium ist, aber man kommt nicht um das Gefühl herum, dass Spaltungen in der Weltanschauung innerhalb der Gesellschaft sich so weit vertieften, dass die Unterschiede zwischen der Regierungsseite und der Opposition unüberwindbar erscheinen. Anstatt die eigene Tätigkeit auf Vertrauen zu stützen, sind wir Zeugen, wie das Machtargument manchmal mit List angewandt wird. In Slowenien wird das Vertrauen der Bevölkerung in die führenden nationalen Einrichtungen, etwa die Justiz und das Parlament, schon jahrelang wissenschaftlich gemessen. Dabei wird ein ständiger Vertrauensrückgang festgestellt, der zuweilen schon besorgniserregend ist.

Ein solcher Zustand ist schwierig zu akzeptieren. Und die Tatsache, dass ähnliche Denkmuster auch anderswo auf der Welt verbreitet sind, spendet nicht gerade viel Trost. Während der jüngsten Pandemie wurde klar, dass mehrere Jahrzehnte des Vertrauensrückgangs in nationale Institutionen deren Autorität in Krisensituationen stark untergraben hatten. In einer Situation, in der es galt, Menschenleben zu retten, musste man sich mit einem Aufgebot von Egoisten befassen, die auf das Wohlbefinden der breiteren Gemeinschaft keine Rücksicht nahmen. Zahlreiche Maßnahmen, die die Behörden durchzusetzen versuchten, stießen auf Gegenpropaganda, was das bereits beschädigte Vertrauen der Menschen in die Behörden zusätzlich verminderte. Fast schien es, als würde jeder, der fünf Minuten Zeit und Zugang zu sozialen Netzwerken hatte, die Maßnahmen allgemein anerkannter Experten in Frage stellen. Während einer Zeit, in der es elementar gewesen wäre, den Experten, deren Ratschläge sich auf wissenschaftliche Erkenntnisse stützten, zu vertrauen, tauchten andere „Experten" mit einfachen und gefälligen Formeln auf. Mehr noch, zahlreiche dieser Letzteren wurden bei einem Teil der öffentlichen Meinung zu so etwas wie Helden, weil sie sich trauten, Widerstand zu leisten. Und dies ohne Rücksicht, ob sie damit das Leben ihrer Mitbürger bedrohten, vor allem der Älteren und gesundheitlich Schwächeren. Die Ironie dabei war und ist, dass sie sich auf ihr demokratisches Recht der freien Meinungsäußerung beriefen. Noch schlimmer dabei ist, dass ein Großteil der Bevölkerung ihnen mehr vertraute als ausgewiesenen Experten.

Die Demokratie ist ein System, das sich auf klare Regeln stützt. Um sie zu erhalten, bedarf es eines Rechtsstaates und gut funktionierender Einrichtungen. Die Aufgabe der Politik dabei ist es, eine Atmosphäre des Vertrauens zu schaffen, die ihre Tätigkeit und damit auch die Entscheidungen jedes Einzelnen erleichtert.

Die Frage, ob Vertrauen (immer noch) eine politische Kategorie darstellt, muss daher mit einem „Ja“ beantwortet werden. Jede anderslautende Antwort trägt dazu bei, einen Weg einzuschlagen, der sich von den Werten abwendet, auf denen das moderne Europa beruht. Die Alternative ist bekannt: ein totalitäres Regime, das für sein Wirken das Vertrauen seiner Bürgerinnen und Bürger überhaupt nicht benötigt. Es reicht ein Staatsapparat, der auf Zwang und Einschüchterung anstatt auf Vertrauen basiert. Solche historische Lektionen sind in Europa zur Genüge bekannt. Es bleibt zu hoffen, dass sie nicht mehr wiederholt werden müssen.

Übersetzt aus der slowenischen Sprache von Tomaž Dietinger

„Die Vertrauenskrise lässt sich nur lösen, wenn es gelingt, konkrete Lösungen zu diskutieren und umzusetzen."

OLIVER RATHKOLB

Oliver Rathkolb

Geboren 1955 in Wien, DDr.,
Univ.-Prof. am Institut für Zeitgeschichte der Universität Wien, Vorsitzender des internationalen wissenschaftlichen Beirats des Hauses der Europäischen Geschichte (Europäisches Parlament, Brüssel), Beiratsmitglied des Archivs der Salzburger Festspiele; Autor, Herausgeber und Mitherausgeber zahlreicher Publikationen zu Themen der österreichischen Zeit-, Kultur- und Mediengeschichte sowie Herausgeber der Fachzeitschrift „zeitgeschichte" und der Reihe „Zeitgeschichte im Kontext".

Oliver Rathkolb

Vertrauen in die parlamentarische Demokratie. Perspektiven eines Zeithistorikers

Schon ein kurzer Blick in die Geschichte Österreichs seit dem Beginn der Ersten Republik 1918/1919 zeigt, dass das Vertrauen der Wählerinnen und Wähler in die wesentlichen Institutionen der parlamentarischen Demokratie die Basis ist, auf der eine Demokratie beruht. Diese drei zentralen Säulen sind die Legislative (das Parlament), die Exekutive (Regierung und Verwaltung) und die Justiz. Schon der „Chefredakteur" der Verfassung Österreichs aus dem Jahr 1920, der Rechtswissenschaftler Hans Kelsen, hat deutlich gemacht, dass die abgeleiteten Normen aus dieser neuen Verfassung nur dann „im Großen und Ganzen" wirksam werden, wenn sie angewandt und auch befolgt werden.

Ein Blick in eine rezente Umfrage, die ich mit einem Team um Petra Ziegler und gemeinsam mit der Alfred Landecker Stiftung in Berlin und Professorin Sybille Steinbacher vom Fritz Bauer Institut der Universität Frankfurt/Main bei respondi/Köln in mehreren europäischen Staaten im Dezember 2022 in Auftrag gegeben habe, zeigt den aktuellen Erosionsprozess in der Vertrauensbindung zwischen den zentralen Institutionen und Repräsentant:innen der Demokratie einerseits und der Gesellschaft andererseits. Der Aussage „Die meisten Politikerinnen und Politiker sind vertrauenswürdig“ stimmten in Österreich nur 11 Prozent klar zu, 24 Prozent antworteten mit „Teils, teils“, 37 Prozent artikulierten keine Meinung, und 29 Prozent lehnten diese Behauptung ab. Ähnliche Prozentsätze finden wir übrigens in Tschechien und Ungarn (9 % Ablehnung), die größte Zustimmung in unserem Sample gab es in Deutschland.

Bei der gegenwärtigen Suche nach einem „starken Führer, der sich nicht um Parlament und Wahlen kümmern muss“, gibt es zwar in Österreich und Deutschland nur geringe Zustimmungen (16 % bzw. 17 %), da der Begriff „Führer“ historisch negativ geladen ist. In anderen Kernländern Europas wie in Frankreich (41 % Zustimmung) oder Italien (46 %) steigt diese Zustimmung zu einem autoritären System seit 2019 stetig.

Welche Möglichkeiten gibt es, diesem Vertrauensverlust entgegenzuwirken, der letztlich autoritäre, illiberale Systeme ermöglicht, obwohl alle Diktaturen die Menschen, die Vertrauen in sie gesetzt hatten, in die Katastrophe geführt haben:

Alle Umfragen in Europa zeigen, dass jene Menschen, die von sozialen Krisen betroffen sind bzw. diese fürchten, einen starken Vertrauensverlust aufweisen und ihr Heil in einem starken Führer suchen. Ähnlich wie in der Zwischenkriegszeit – selbst wenn wir heute in einem Sozialstaat leben, der aber Armut nicht verhindert hat – tendieren diese Gruppen zu antidemokratischen Entwicklungen. Sie wollen Lösungen nicht mittels PR-Agentur-Werbung hören, sondern konkret in ihrem Lebensalltag spüren.

Ein weiterer wichtiger Faktor ist die Stärkung unabhängiger Medien – u. a. durch ein BBC-Modell für den ORF – und der Versuch, die Arbeit der Exekutive von der Regierung abwärts transparent und einfach zu kommunizieren. Dazu gehört unbedingt ein Transparenzgesetz, das manche Mythenbildungen und Verschwörungstheorien verhindern und die unabhängige, objektive Medienberichterstattung stärken würde. Auch das Amtsgeheimnis fördert den Vertrauensverlust.

Ebenso wichtig ist die Stärkung der unabhängigen Justiz mit entsprechendem Personal und Budgetrahmen. Gerade der Verfassungsgerichtshof hat in den letzten Jahren unter der Präsidentschaft von Christoph Grabenwarter beispielhaft seine Tore weit aufgemacht und mit Ausstellungen, Veranstaltungen und Schulprogrammen erfolgreich begonnen, die Gesellschaft direkt abzuholen. Gleichzeitig sorgt der Verfassungsgerichtshof noch intensiver als in der Vergangenheit dafür, dass sowohl die Verfassung als auch die Gewaltenteilung eingehalten wird.

Umfragen betonen den Faktor Bildung als eine wichtige Basis für die Demokratie-Zustimmung – hier könnte ein Pflichtfach Politische Bildung den Vertrauensverlust durch eine kritische inhaltliche Grundausbildung reduzieren. Vor dem Hintergrund der raschen Veränderungen der Welt brauchen wir aber letztlich eine Bildungsrevolution.

Und zu guter Letzt noch ein Wunsch – wohl die schwierigste Aufgabe für Politiker und Politikerinnen, die wiedergewählt werden wollen –: Politik nicht nur für die eigene (inzwischen kleine) ideologische Klientel zu machen, sondern zentrale Fragen und Reformen für die gesamte Gesellschaft anzugehen und rasch und konkret umzusetzen. Je weniger Ankündigungspolitik und umso mehr konkrete Maßnahmen die Menschen erreichen, umso geringer wird der Vertrauensverlust sein.

Dies dokumentieren alle Vertrauensindizes. Die Blaulichtorganisationen, die direkt, spür- und sichtbar für die Menschen tätig sind, liegen in den diversen Rankings am besten. Demokratie beginnt überdies im regionalen Bereich, wobei hier in den letzten Jahren ebenso Vertrauensverluste festzustellen sind.

Zum Schluss komme ich nochmals zu Hans Kelsen zurück. Er war davon überzeugt, dass die parlamentarische Demokratie – im Unterschied zu Monarchien und Diktaturen – fast automatisch immer die qualifiziertesten und besten Politiker hervorbringen wird. Doch ist der Beruf eines Politikers und einer Politikerin heute noch begehrt – vor dem Hintergrund der schlechten Rankings, des extrem fordernden Arbeitsalltags unter ständiger Beobachtung und der im Vergleich mit der Wirtschaft schlechten Bezahlung? Heute ein absolutes Tabuthema, aber die Frage stellt sich einfach: Was ist uns die Politik wert?

Letztlich lässt sich aber die Vertrauenskrise nur lösen, wenn es gelingt, die zentralen Ängste und Sorgen der Menschen nicht nur anzusprechen, sondern konkrete Lösungen zu diskutieren und umzusetzen. Wir leben in einem neuen nervösen Zeitalter – ähnlich wie vor 1914 –, inmitten einer Turboglobalisierung, die inzwischen den Planeten Erde dominiert und in vielen Bereichen auf den Kopf stellt.

Ziel österreichischer, europäischer und globaler Politik muss es sein, wieder durch klare politische Maßnahmen Hoffnung für die Zukunft zu geben und wieder jene emotionale Überzeugungskraft in der Politik zu entwickeln, die die ersten Jahrzehnte der europäischen Entwicklung nach 1945 geprägt hat. Der liberale Soziologe und Politiker Ralf Dahrendorf hat schon 1997 vor einem neuen autoritären Zeitalter gewarnt: „‚Soziale Marktwirtschaft' bleibt ein sinnvoller Begriff, auch wenn er in Großbritannien, geschweige denn in den USA, keinen rechten Sinn ergibt. Und trotz aller offensichtlichen Veränderungen werden die Analysen der japanischen Unternehmenskultur nicht ihren Wert verlieren. ‚Kapitalismus pur‘ gibt es nur in den Lehrbüchern von Chicago. Doch eine globalisierte Welt von Wirtschaft und Politik bleibt voller Vielfalt. Es lohnt sich also, die Quadratur des Kreises mit den Mitteln zu verfolgen, die das jeweils eigene Land seinen Bürgern kraft Tradition und Erfahrung zur Verfügung stellt. Globalisierung tut vielen weh, aber existentielle Angst vor ihr ist nicht angesagt.“

„Aber warum ist hier im kleinen, reichen Österreich derzeit gar nichts gut, woher kommt dieser neue Pessimismus, diese Wut?“

MARTINA SALOMON

Martina Salomon

Geboren 1960 in Linz, seit 2018 „Kurier"-Chefredakteurin. Berufliche Stationen davor: ORF-Landesstudio Oberösterreich, „OÖN" (Kultur-, Chronikredaktion), „Tiroler Tageszeitung" (Wiener Redaktion, Politikressort), 15 Jahre Innenpolitik-Redakteurin bei „Der Standard", sieben Jahre Politik-Ressortleiterin bei „Die Presse", von 2010 bis 2018 stellvertretende Chefredakteurin und Wirtschaftsressortleiterin im „Kurier". Moderatorin zahlreicher Veranstaltungen.

Martina Salomon

Alles gut?

Eigentlich ist Europa ein Sehnsuchtsort für Millionen Menschen auf der ganzen Welt. Aber warum nur ist hier im kleinen, reichen Österreich gefühlt derzeit gar nichts gut, auch wenn sich die Floskel „Alles gut" inflationär in unsere Sprache geschlichen hat (jedoch meist mit einer abwehrend-abschätzigen Bedeutung)? Woher kommt dieser neue Pessimismus, diese Wut? Es liegt wohl daran, dass die Generation der jetzt Jungen ihre Eltern materiell und bildungsmäßig kaum mehr überflügeln kann. Und daran, dass Europa gerade an Innovationskraft verliert. Zumindest wären das die rationalen Erklärungen.

Doch die große Gereiztheit wird eher geschürt: durch aggressive Sprache in den sozialen Medien, in manchen Boulevardzeitungen, in der schier endlosen Kette an Talk-Sendungen, die Quote durch Extremstandpunkte machen müssen (?), und auch in der Politik. Dass Dirty Campaigning jetzt dank Künstlicher Intelligenz noch einfacher wird, ist daher eine besonders schlechte Nachricht. Fake und Fakten werden für Nicht-Profis ununterscheidbar. Zumindest jetzt müssten alle Parteien im Parlament einen Pakt für konstruktives Miteinander schnüren. Aber die Opposition sorgt sich, dann unter der Wahrnehmungsschwelle zu bleiben. Und die Regierung will nicht als wehrloser Softie-Verein erscheinen. Beim Buhlen um Aufmerksamkeit muss der Ton leider immer lauter, der Gehalt immer seichter werden – was auch daran liegt, dass klassische Medien längst schon ihr Informationsmonopol verloren haben. Junge erreicht man überhaupt nur noch mit prägnanten Drei-Satz-Botschaften in (TikTok-)Videos. Dazu kommt noch, dass Teile der (multikulturellen) Gesellschaft aufgehört haben, sich wenigstens rudimentär zu informieren. Das alles ist Wasser auf die Mühlen der politischen „Vereinfacher". Was es wiederum für die (einst) staatstragenden Parteien immer schwieriger macht, nicht vom populistischen Virus befallen zu werden.

Wie bringen wir den Ungeist wieder zurück in die Flasche? Nur mit allergrößter Kraftanstrengung und viel Bildungs- und Aufklärungsarbeit. Es bräuchte außerdem einen Grundkonsens zwischen Politik, Wissenschaft, Wirtschaft und Medien, dass man das Land nur weiterbringt, wenn man über die Zukunft ohne Scheuklappen, aber bitte auch ohne Schaum vor dem Mund diskutieren kann. Aber weil fast immer irgendwo Wahlen oder ein Koalitionskrach oder beides die Stimmung drücken, haben es Reformer schwer. Natürlich müsste das Budget saniert, das Steuersystem leistungsfreundlicher gemacht, das Bildungs- und das Gesundheitswesen renoviert, der Neutralitätsstatus kritisch hinterfragt und endlich auch die provinzielle Technik- und Naturwissenschaftsfeindlichkeit bekämpft werden. Um nur ein paar wichtige „Baustellen" zu erwähnen.

Wobei Österreich gute Voraussetzungen für einen vernünftigen Diskurs hätte: Für den Ausgleich ideologischer Gegensätze hatte man einst die Sozialpartnerschaft erfunden. Sie ist noch da, aber eher auf die Zuschauerränge verbannt, auch wenn Rot und Schwarz gar nicht (wie seinerzeit Wolfgang Schüssel und Alfred Gusenbauer) bewusst den Spielraum der früher so mächtigen Player eingeengt haben. Selbst die bis dato einigermaßen vielfältige Medienlandschaft war bisher ein Garant für halbwegs zivilisierte politische Debatten. Das scheint vorbei zu sein, seit die Parteizeitungen im Netz wieder auferstanden sind, Politik und Institutionen anonyme Trolle beauftragen, selbst Klimaschützer immer radikaler werden und Diktaturen versuchen, die Stimmung in westlich-liberalen Ländern zu vergiften. Der Vertrauensverlust – und sogar die Gruppe jener, die im großen oder kleinen Stil Staatsverweigerung betreiben – wächst. Die politischen Ränder haben Zulauf in ganz Europa. Das war noch nie gut und führte in den 1930er-Jahren in die Katastrophe.

Die Anforderungen an die (gemäßigte) Politik waren daher noch nie so groß: Wir brauchen Volksvertreter und -vertreterinnen, die ihre Ideen prägnant und volksnah rüberbringen, Jung und Alt begeistern können, mutig und gebildet sind. Die gesellschaftliche Elite aus allen Bereichen wäre eigentlich verpflichtet, immer wieder darauf hinzuweisen, dass wir nach wie vor in der besten aller Welten leben und es keinen Grund für diese große Aggression gibt. Noch ist nämlich wirklich „alles gut", auch wenn wir für den Erhalt dieses Zustands größere Anstrengungen, mehr Versöhnlichkeit und auch mehr Durchblick brauchen, um die Feinde der offenen Gesellschaft zu erkennen. Aber wo ist die „Koalition der Vernünftigen"?

„Alle guten Eltern wissen, dass es Lebenssituationen gibt, die ihr Kind manchmal auch unter Schmerzen erlernen wird.“ ALOIS SCHWARZ

Alois Schwarz

© Diözese St. Pölten

Geboren 1952 in Hollenthon in Niederösterreich. 1970 trat er in das Wiener Priesterseminar ein und studierte an der Universität Wien katholische Theologie. Alois Schwarz wurde 1976 zum Priester geweiht und promovierte 1981 zum Doktor der Theologie. Er war unter anderem Pfarrer in Krumbach und Leiter des Pastoralamtes der Erzdiözese Wien. 1997 empfing Alois Schwarz die Bischofsweihe und wurde im selben Jahr zum Bischofsvikar des Vikariats unter dem Wienerwald berufen. Papst Johannes Paul II. ernannte ihn 2001 zum Bischof der Diözese Gurk-Klagenfurt. Seit 2018, nach der Ernennung durch Papst Franziskus, ist Alois Schwarz Bischof der Diözese St. Pölten.

In der Österreichischen Bischofskonferenz übernimmt Bischof Alois Schwarz die Verantwortung für die Bereiche Wirtschaft, Landwirtschaft, Sport und Nachhaltigkeit.

alois-schwarz.at

Alois Schwarz

Vertrauen – ein dialogisches Wechselspiel

Der Begriff Vertrauen, der in sich das Verb *trauen* impliziert, zeigt uns Menschen, worauf es ankommt, nämlich um ein von Mut gekennzeichnetes Wechselspiel zwischen sich selbst und der Welt. Erik H. Erikson (1972: 70) nennt das „Gegenseitigkeit". Die Qualität dieser Gegenseitigkeit wird bereits im Säuglingsalter grundgelegt und von da aus im sozialen Miteinander weiterentwickelt. Erikson (ebd.: 70 und auch bei Esser 1991: 53) schreibt:

> *„Vertrauen als Allgemeinzustand besagt nicht nur, dass man gelernt hat, sich auf die Versorger aus der Umwelt zu verlassen, ihre Gleichheit und Beständigkeit, sondern auch, dass man sich ‚selber' und der Fähigkeit der eigenen Organe, mit den Triebimpulsen fertig zu werden, vertrauen kann; dass man sich als genügend vertrauenswürdig betrachten darf […]"*

Daher, so Wolfgang Esser (1991: 53), wird das Vertrauen als ein Wechselspiel oder anders ausgedrückt als Dialog zwischen der eigenen Persönlichkeit und dem Bezug zur Welt betrachtet. Was der Säugling, ausgehend von der Mutter-Kind-Beziehung, an Vertrauen in sich selbst und in die Welt erfährt oder eben nicht erfährt, ist ausschlaggebend für das Persönlichkeitsmerkmal der Vertrauensfähigkeit im späteren Leben. Das grundgelegte Vertrauen in sich selbst im Säuglingsalter wird damit entscheidend für die spätere Wahrnehmung des Vertrauens in andere Menschen bzw. in die Welt. In der Antwortfähigkeit der Mutter auf die Signale, die ihr Kind im Säuglingsalter und darüber hinaus zeigt, hat dies zentrale Auswirkungen auf die Beziehungsfähigkeit und die Kommunikation zu anderen Menschen und zur Welt im Erwachsenenalter (vgl. ebd.: 55ff).

Das Vertrauen hat demnach nichts mit dem Wollen oder dem Erlernen von Gesetzen zu tun, sondern, so schreibt Hubertus Halbfas (1962: 2 und auch bei Esser 1991: 57):

> *„Vertrauen ‚können', lieben ‚können' sind keine Fähigkeiten des Willens, die durch Predigt und Gebot mobilisiert werden, sondern Dispositionen, die aus den leibseelischen Ersterfahrungen des Menschen hervorgehen."*

Was aber tun, wenn Kinder diese Vertrauenserfahrungen nicht oder nur sehr dürftig gemacht haben? Welche Auswirkungen hat das für das Leben im Erwachsenenalter?

Deshalb bin ich froh, dass ich als ein mit Gott Verbundener den Menschen meinen Gott ans Herz legen darf. Im Buch Jesaja (49,1) lese ich: *„Der Herr hat mich schon im Mutterleib berufen; als ich noch im Schoß meiner Mutter war, hat er meinen Namen genannt."*

Wie immer sich die Mutter-Kind-Beziehung gestaltet hat, bei der Taufe wird einem Kind gesagt, dass es vorleistungslos geliebt und angenommen ist, dass es gleichsam wie in einer Neugeburt eine Liebe erfährt, die ihm über das irdische Leben hinaus zugesichert ist. Darauf darf der Mensch in seinen Erfahrungen des Vertrauen-Könnens aufbauen.

Was immer sich dann zuträgt im Leben eines Menschen, dafür gilt die Zusage aus dem Römerbrief (Röm 8,38-39):

> *„Weder Tod noch Leben, weder Engel noch Mächte, weder Gegenwärtiges noch Zukünftiges, weder Gewalten der Höhe oder Tiefe noch irgendeine andere Kreatur können uns scheiden von der Liebe Gottes, die in Christus Jesus ist, unserem Herrn.“*

Die biblischen Worte sind Anker für das Leben eines Menschen, vor allem auch dann, wenn eben sein Start ins Leben und seine folgende Kindheit nicht mit den oben beschriebenen vertrauensbildenden Erfahrungen begonnen hat. Der christliche Glaube schenkt hier als Lebensmehrwert ein Sicherheitsnetz, von dem sich jeder und jede getragen wissen darf.

Vertrauen lernt man nicht durch Appelle, Vorgaben oder Gebote, auch nicht durch Verleumdung, Denunzierung, durch Rufschädigung und andere Formen der verbalen oder körperlichen Gewalt. Diese Haltungen zeigen das Misstrauen zu sich selbst bzw. zu den Menschen in ihrer Alltagswirklichkeit. Oft sind es in Angst begründete Hilfeschreie, die haltlos ins Leere verpuffen. Der Zorn darüber wird größer und muss neu gefüttert werden, mit noch mehr vernichtenden Worten und Taten. Wenn Menschen sich davon nähren und nicht bereit sind, über ihr Vertrauen zu sich selbst und zu anderen Menschen zu reflektieren, dann wird sich die Spirale der Gewalt weiter nach unten drehen.

Die Bibel beinhaltet hingegen 365 Sätze, in denen es heißt: *„Fürchte dich nicht!"* Für jede Lebenssituation gibt es die von Gott zugesprochene Ermutigung, sich nicht zu fürchten und darauf zu vertrauen, dass er bei uns sein möchte. Freilich gelingt das nur, wenn wir mit ihm in einen wechselseitigen Dialog eintreten. Gott übernimmt dann gleichsam die Stelle der physischen Mutter, die uns als Säugling nährte, liebkoste und uns Halt und Sicherheit, Lebensfreude und Ermutigung schenkte. Gott erwidert unseren Dialog, in dem er über die Schöpfung, über Lebensmöglichkeiten, Herausforderungen oder durch das Gebet zu ihm uns antwortet. Seine Sprache gilt es ebenso zu lernen, wie der Säugling es mit der Sprache seiner Mutter tut. Das von Gott geschenkte Vertrauen ermöglicht eine Lebensentfaltung, die den Menschen als Mehrwert in der Bewältigung der Lebensaufgaben zur Verfügung steht.

Alle guten Eltern, die ihr Kind verantwortungsvoll ins Leben begleiten wollen, wissen, dass es Lebenssituationen gibt, die ihr Kind manchmal auch unter Schmerzen erlernen wird. Dennoch werden sie ihm beistehen und es unterstützen. Auch Gott erspart uns manch schmerzvolle Lernerfahrungen nicht, aber er begleitet uns dabei. Er lässt uns in schweren Zeiten, etwa von Krankheit, Verlust von geliebten Menschen, Krieg, Armut und existenziellen Ängsten, nicht allein. Er zeigt uns immer wieder neue Wege, um diese Herausforderungen bewältigen zu können.

Vertrauen wir darauf, denn es gibt für jeden Menschen, der es möchte, die Möglichkeit, den Glauben an diesen Gott zu entdecken. Wenden wir uns gemeinsam wieder neu im vertrauensvollen Dialog an ihn.

LITERATURVERZEICHNIS

Erikson, E. H. (1971). *Identität und Lebenszyklus.* Frankfurt/Main: Suhrkamp Verlag.

Esser, W. G. (1991). *Gott reift in uns. Lebensphasen und religiöse Entwicklung.* München: Kösel Verlag.

„Das Wort ‚Vertrauen‘ bringt der einschlägig Informierte sogleich mit dem ‚Lohengrin‘ von 1850 in Verbindung.“

HEINZ SICHROVSKY

Heinz Sichrovsky

Geboren 1954 in Wien, humanistisches Gymnasium, Studium der Literaturwissenschaft im Dissertationsstadium abgebrochen, um Kulturredakteur bei der „Arbeiter-Zeitung" zu werden. Seit dessen Gründung 1992 beim Wochenmagazin „News" für die Kultur verantwortlich, Kritiker und Kolumnist der „Kronen Zeitung", mit dem Buchmagazin „erLesen" und als Kritiker für ORF 3 tätig. Literatur- und musikwissenschaftliche Fachbücher, umfangreiche Moderatorentätigkeit. Verheiratet, zwei Töchter. Die Familie lebt in Wien.

Heinz Sichrovsky

„Höchstes Vertraun"

Warum wir besser von Wagner als von Lenin lernen

Wie viele Beiträge zu diesem schönen und befüllungswürdigen Buchprojekt den sowjetischen Gründungsstaats- und -parteichef bemühen, möchte ich nicht kontrollieren müssen, vertraue aber auf eine kompakte relative Mehrheit. In einem Anflug von Pedanterie will ich allerdings anmerken, dass Lenin den bisher erschlossenen Quellen zufolge niemals „Vertrauen ist gut, Kontrolle besser" gesagt hat. Das Standardwerk „Büchmanns geflügelte Worte" verweist lediglich auf das russische Sprichwort „Доверяй, но проверяй (Dowjerjaj, no prowjerjaj) – vertraue, doch prüfe", das der geborene Uljanow geschätzt haben soll. Dieser kuckuckshaft unterschobene Promi-Stehsatz ist indes kein Einzelfall: Auch die österreichische Bundeshymne hat in Wahrheit ein falscher Mozart namens Holzer komponiert, ins titanische Werkverzeichnis ist sie bloß infolge eines freimaurerischen Pallawatschs gelangt (der niederschmetternde Text aus dem Jahr 1946 wurde wenigstens 65 Jahre später dank feministischer Mühewaltung in die verdiente Parodie entrückt).

Während sich also Kontrollfreaks – auch solche, die vor Entsetzen über die liebenswerten Regional-Realsozialisten in Graz und Salzburg schier außer Fassung geraten – ohne Genierer ständig beim falschen Lenin bedienen, vertraue ich mich inkorrekterweise Richard Wagner an. Das Wort „Vertrauen“ bringt der einschlägig Informierte sogleich mit der Oper „Lohengrin“ aus dem Jahr 1850 in Verbindung: Die Herzogin Elsa von Brabant, von einer übelwollenden Mischpoche mittels Fake News unter Brudermordverdacht gestellt, wird von einem umweltneutral per Schwan angereisten Deus ex machina herausgehauen. Seine einzige Bedingung auch für die beabsichtigte Ehe: Sie darf nie nachfragen, woher er kam der Fahrt, noch wie sein Nam' und Art.

Als Elsa aus nachvollziehbarem Informationsbedarf dann doch wegen der biographischen Eckdaten ihres Zukünftigen vorfühlt, fällt erstmals das Wort.

> ***Elsa:*** *O mach mich stolz durch dein Vertrauen,*
> *daß ich in Unwert nicht vergeh'!*
> *Laß dein Geheimnis mich erschauen,*
> *daß, wer du bist, ich offen seh'!*
> ***Lohengrin:*** *Ach, schweige, Elsa!*

Und wieder Lohengrin, *streng und ernst einige Schritte zurücktretend:*

> *Höchstes Vertraun hast du mir schon zu danken,*
> *da deinem Schwur ich Glauben gern gewährt;*
> *wirst nimmer du vor dem Gebote wanken,*
> *hoch über alle Fraun dünkst du mich wert!*

Was uns der göttliche, alle „Cancelling"-Ansinnen verlachende Richardl da lehrt? Wie wir heute, noch weit mehr als 933 n. Chr. an der Schelde, in die Schere aus hemmungsloser Denunziation und hysterischer Überempfindlichkeit geraten sind.

Einerseits ist Elsa nach substanzlosen Anschuldigungen und folgendem „Shitstorm" („In düstrem Schweigen richtet Gott", befinden „alle Männer") schon standrechtlicher Entsorgung zugedacht. Man erinnert sich, wie es (und er ist weiß Gott nicht der Einzige) dem mittlerweile umfassend rehabilitierten Vorarlberger Landeshauptmann Wallner ergangen ist: Was unter dem Vorwand der Informationsfreiheit von überwiegend grüner Seite forciert wird, ist in Wahrheit ein digitales Halsgericht, das dringend dem Mediengesetz mit allen seinen Schärfen und Konsequenzen unterstellt werden soll.

Andererseits scheinen Lohengrins drei Bedingungen heute realistisch, so außerirdisch können sie gar nicht sein: Fragt man einen Taxifahrer freundlich anteilnehmend, woher er (bzw. der Herr Papa) kam der Fahrt, wird man mit Pech wegen Ausgrenzung (küchenlat.: *Exklusion*) durch die Foren gejagt. Der Nam' unterliegt dem Datenschutz, ob auch unter Eheleuten, wäre höchstgerichtlich zu klären. Und hinsichtlich der Art ist penibel zwischen männlich, weiblich, nonbinär und keine Angabe zu unterscheiden, ansonsten: gnade uns Gott!

Zum Ende also? Wenn wir die Denunzianten endlich mit den Greifern des Gesetzes an den Ohren zu fassen bekämen, könnten wir alle beginnen, uns wieder zu entspannen und unsere Anstrengungen auf lohnendere Herausforderungen zu richten.

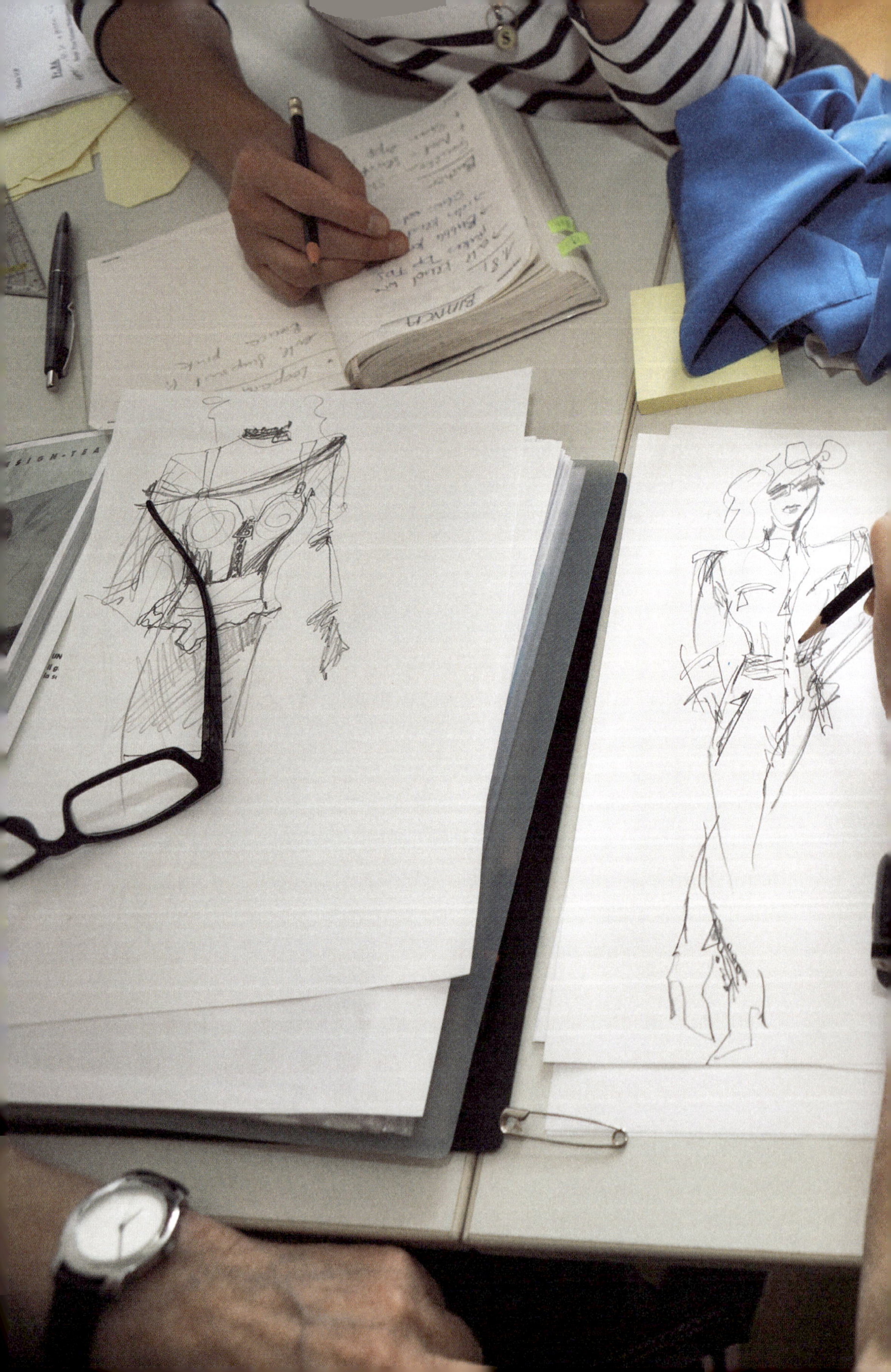

„Ich werde Ihnen einen Vorschlag machen: Verfallen Sie Ihren Mitmenschen gegenüber in allerplumpstes Vertrauen."

PETER TURRINI

Peter Turrini

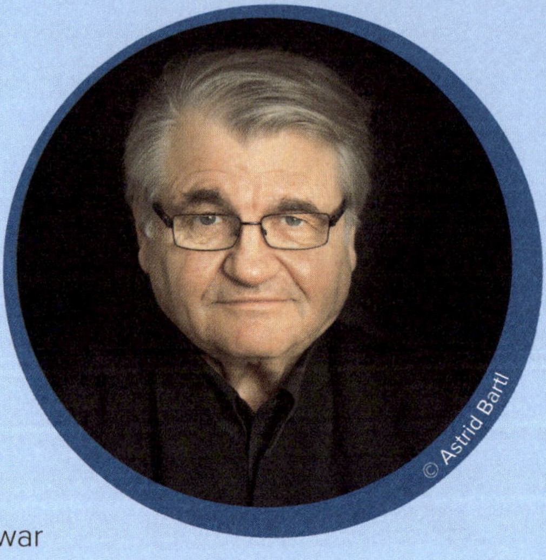

Geboren 1944 in St. Margarethen in Kärnten, wuchs in Maria Saal auf und war von 1963 bis 1971 in verschiedenen Berufen tätig. Seit 1971 freier Schriftsteller, erlangte er mit seinen frühen Arbeiten „Rozznjogd“ und „Sauschlachten“ sowie der Fernsehserie „Alpensaga“ (1976–1980) gleich große Bekanntheit. Turrinis Werke, darunter drei Dutzend Theaterstücke, drei Opernlibretti sowie etliche Buchausgaben, Drehbücher und Hörspiele, wurden in mehr als dreißig Sprachen übersetzt, seine Stücke werden weltweit gespielt.

Er lebt in Kleinriedenthal bei Retz.

turrini.at

Peter Turrini

Über Verdacht und Vertrauen

Ich denke mir, daß wir uns gegenseitig nicht mehr wahrnehmen, sondern einander nur noch verdächtigen können. Wir können keine Stellung zueinander einnehmen, wir können uns nur etwas unterstellen. Jeder verdächtigt jeden, und alle haben einen Verfolgungswahn. Wenn es so etwas wie eine österreichische Seele gibt, dann wird sie mit Sicherheit immer paranoider. Junge verdächtigen Alte, Alte verdächtigen Junge, Männer verdächtigen Frauen, und Frauen verdächtigen Männer. Wir stellen nicht mehr fest, wie der andere ist, sondern wie er sein sollte.

Wenn Männer und Frauen einander nicht mehr entsprechen, dann gibt es einen Ausweg. Die Waren entsprechen immer, sofern die Auswahl groß genug ist. So wie die kosmetische Chirurgie jede denkbare Nasenform bietet, so bietet die Pornoindustrie, welche mit ihren Umsätzen gerade die Stahlindustrie überrundet, eine immer größere Auswahl an Surrogaten. Designer, welche früher in der Automobilindustrie gearbeitet haben, arbeiten jetzt in der Pornoindustrie an immer perfekteren Nachbildungen von Männern und Frauen – digital und in Latex, die sind unverdächtig und keimfrei. Und sollten Sie persönlich keinen Umgang mit solchen

Artikeln haben, dann müssen, statistisch betrachtet, die meisten Ihrer Nachbarn im Dauerkonsum liegen. Und noch etwas, neben der chirurgischen Industrie und der Pornoindustrie und der digitalen Verkuppelungsindustrie boomt eine weitere Industrie, die Hersteller von allem, was abschließt und wegschließt, machen die allergrößten Geschäfte.

Da sitzt er nun, der autonome Mitteleuropäer, allein in seiner Wohnung, geschützt von Schlössern und Alarmanlagen, und lebt das Drama der neuesten Art, in dem es keine Auf- und Abtritte mehr gibt, kein Lieben und kein Hassen mehr, kein Reden und Gegenreden, sondern nur Surrogate von solchen Vorgängen – jede gewünschte Menge von Bildern und die Stille am Ende der Programme. Die aktuellste Ausgabe des Menschen ist das autonome Monster, der mitmenschlose Mensch, Selbstdarsteller in einem Einpersonenstück voller Sehnsucht nach dem anderen und voller Angst vor dem anderen und voller Abwehr gegenüber allem, was den eigenen Vorstellungen nicht entspricht.

Der Verdacht ist allgegenwärtig, unersättlich, trifft Fremde, trifft einzelne Menschen, trifft Menschengruppen, trifft Klassen. Ist Ihnen aufgefallen, wie nachdrücklich das Wort „Arbeiterklasse" aus unserem Sprachgebrauch verschwunden ist? Und mit dem Wort sind die Menschen, die es bezeichnet, verschwunden. Wir wollen nichts mehr von ihnen wissen. Es sei denn, das Abflußrohr ist verstopft oder die Wohnung soll billig renoviert werden. Die Arbeiterklasse ist in den letzten Jahren ununterbrochen verdächtigt worden: der Faulenzerei, der Lohntreiberei und Teuerungsanheizerei, der Sozialschmarotzerei. Heute macht in vielen Betrieben die halbe Belegschaft die doppelte Arbeit. Vielleicht war dies das Ziel aller Verdächtigungen.

Die Verdächtiger gewinnen an Macht. Die Verdächtigten werden immer ohnmächtiger. Wer nicht zurückreden kann, weil ein anderer das letzte Wort hat, und sei es das dümmste, der verliert das Spiel. Es ist völlig unerheblich, ob ein Verdacht ein Körnchen, einen Brocken oder ganze Massive von Wahrheit enthält. Entscheidend ist, daß in jener Geschwindigkeit, in der Aussagen und Berichte erscheinen und wieder verschwinden, Wahrheit und Unwahrheit nicht voneinander zu trennen sind. Das Ergebnis dieser Geschwindigkeit ist die Verdachtsgesellschaft. Jeder ist verdächtig, und selbst die Entkräftung eines Verdachts ist machtlos gegen die Geschwindigkeit. Irgend etwas bleibt immer hängen!

Die verdächtigen Eigenschaften, welche Menschen bei anderen Menschen wahrnehmen, schlummern oft in ihnen selbst. Die Ungeheuer, die man überall sieht, rumoren unsichtbar in der eigenen Brust. Die Vorstellung, die Hölle seien immer die anderen, ist die verbreitetste und unrichtigste. Die Kindesmißhandlungen, die Frauenmißhandlungen macht höchst selten der fremde Mann mit dem entblößten Zumpferl, sondern fast immer der eigene Vater oder Gatte hinter verdeckten Fenstern. Hinter den sichtbaren Taten von wenigen verstecken sich die Abgründe von vielen. Die meisten Menschen töten nicht, rauben nicht, vergewaltigen nicht, aber die meisten Menschen halten die meisten Menschen für fähig, solche Taten zu begehen, und wirken förmlich erlöst, wenn wieder einmal ein Tatverdächtiger dingfest gemacht wurde.

Was wäre angesichts dieser mißlichen Situation zu tun, werden Sie mich fragen. Und ich werde mich nicht auf die übliche Position des Schriftstellers zurückziehen, der zwar eine Analyse geben kann, aber keinen Rat. Ich werde Ihnen einen Rat geben, oder besser gesagt, ich werde Ihnen einen Vorschlag machen. Verfallen Sie Ihren Mitmenschen gegenüber – ab und an – in allerplumpstes Vertrauen und denken Sie ständig daran, daß es weniger Mörder gibt, als man nach dem Konsum des Fernsehprogramms annehmen würde. Ich wage mich manchmal, selten genug, an diese Übung heran, und ich habe dabei immer sehr schöne Erfahrungen gemacht. Der Schaden, der mir entstand, war zumeist gering, und der Gewinn, der mir zufiel, war fast immer beträchtlich. Ich weiß, daß man sich in schwachen Zeiten solche Übungen nicht zutraut und anderweitig Trost sucht, beim Hund oder bei der Religion. Ich verstehe solche Fluchtversuche, denn in sehr ängstlichen Zeiten nehme auch ich Kontakt mit dem lieben Gott auf. Aber mein Verständnis endet, wenn es ins Fundamentalistische ausartet. In Österreich leben laut jüngster Veröffentlichung des Statistischen Zentralamtes schon mehr Menschen mit einem Tier zusammen als mit einem anderen Menschen. In einer Umfrage empfinden sie jeden zweiten Menschen als „seltsam und irgendwie verdächtig". Bei Ausländern steigt dieser Prozentsatz steil in die Höhe. Ich wiederhole meinen Vorschlag, mehr Vertrauen zu wagen: Wenn das nächste Mal ein dunkelhäutiger Paketbote anläutet und Sie in schlechtem Deutsch bittet, ob er auf Ihr WC gehen darf, dann denken Sie nicht gleich an einen Neffen- oder Nichtentrick oder an einen Räuber, der Ihre Preziosen auskundschaften will, sondern an einen Menschen, der dringend aufs Häusl muß. Er wird es Ihnen mit einem erleichterten Blick danken.

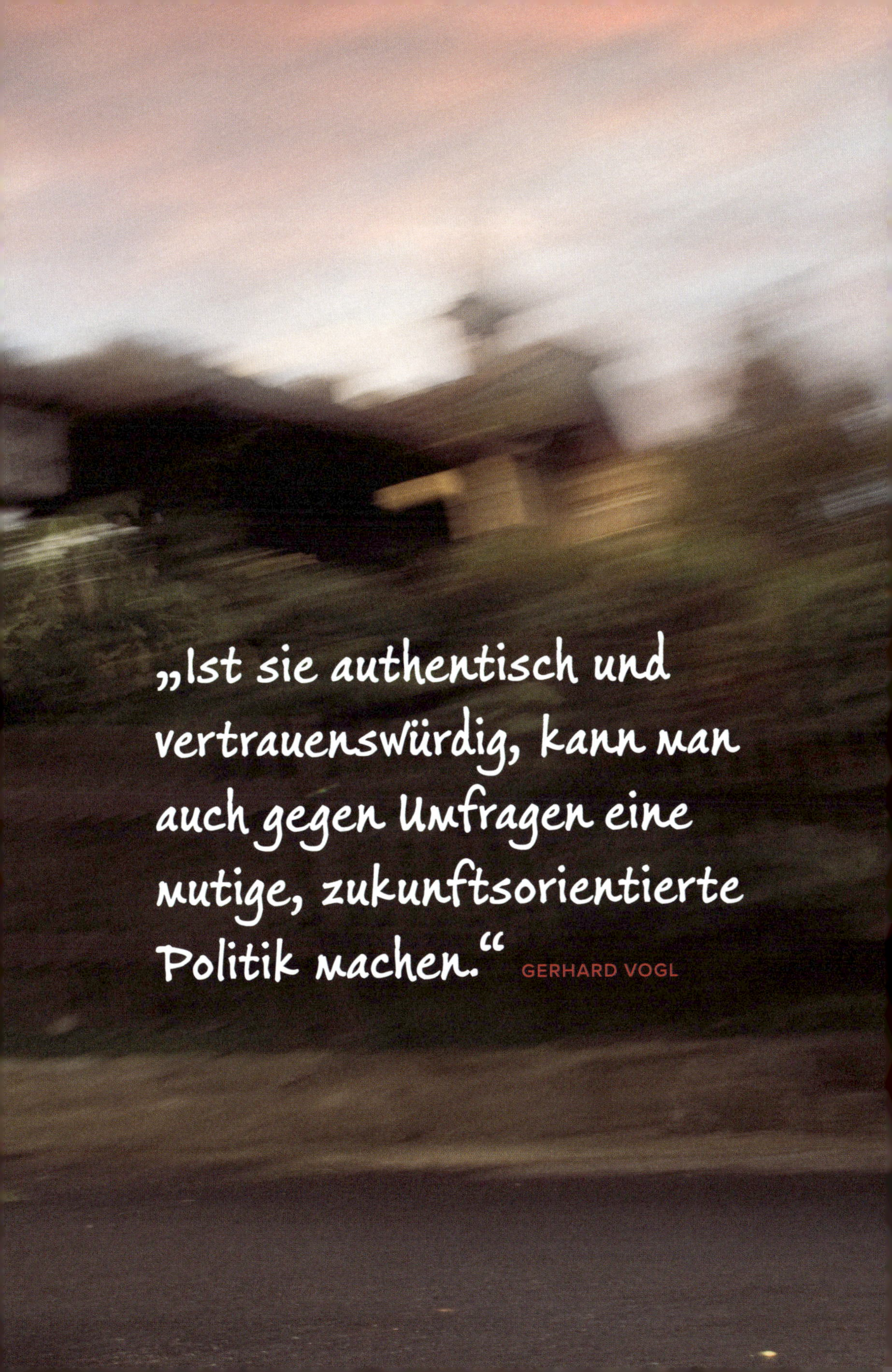

„Ist sie authentisch und vertrauenswürdig, kann man auch gegen Umfragen eine mutige, zukunftsorientierte Politik machen.“ GERHARD VOGL

Gerhard Vogl

Geboren 1941 in Krems an der Donau. Nach der Matura besuchte er die Theresianische Militärakademie, wo er 1964 als Leutnant ausgemustert wurde. Von 1969 bis 1971 nahm er am 6. Generalstabskurs teil.

War von 1971 bis 2002 in unterschiedlichen Funktionen im ORF tätig und einer der ersten Moderatoren der „Zeit im Bild" 1 und 2; war Bürochef und zentraler ORF-Chefredakteur unter Gerd Bacher und zuletzt Leiter der politischen Diskussionssendungen im Fernsehen: „Zur Sache" im Haas-Haus, „Pressestunde", „Europastudio" mit Paul Lendvai, „help TV" mit Barbara Stöckl.

2000 Verleihung des Professorentitels.

2002 bis 2014 Gesellschafter der ARS, der Akademie für Recht, Steuern und Wirtschaft, des größten privaten Seminaranbieters.

Gerhard Vogl hat zehn Bücher sowie zahlreiche Gastkommentare in unterschiedlichen Medien verfasst.

Gerhard Vogl

In wen haben wir noch Vertrauen?

In unserer säkularisierten Welt gibt es nur mehr für wenige Menschen ein „gottgewolltes Vertrauen". Viele glaubten in der staatlichen Obrigkeit einen Ersatz zu finden. Diese konnte die Erwartung aber im Zuge der immer stärker werdenden Diversität der Gesellschaft nicht erfüllen; auch weil inzwischen viele Menschen jede höhere Instanz ablehnen.

Die allgemeine Verunsicherung hat einen einfachen Grund: Über die lebenden Generationen sind so viele Krisen hereingebrochen wie nie zuvor – beginnend mit der Finanzkrise 2008, der Coronapandemie mit ihren lang anhaltenden Einschränkungen, samt der Drohung einer Impfpflicht. Danach folgte ab Februar 2022 der für die Mehrheit der Bevölkerung doch überraschende Überfall Putins auf den souveränen Staat der Ukraine. Die dadurch ausgelöste Energiekrise brachte uns eine bisher nicht unter Kontrolle gebrachte Superinflation, die Abstiegsängste ausgelöst hat, bis tief in die Mittelschicht.

Damit sind wir beim Kernproblem der Gesellschaft: dem schwindenden Vertrauen in die Lösungskompetenz der Führungsschicht, gerne als Eliten denunziert, nicht nur der Politik, auch der Wirtschaft und der Wissenschaft. In Österreich, wo man der Wissenschaft skeptisch bis feindselig gegenübersteht, kam dies besonders stark zu tragen.

Dass es ebendieser Wissenschaft gelang, in unvorstellbar kurzer Zeit gleich mehrere taugliche Impfstoffe zu erzeugen, löste nur bei einem Teil der Menschen Erleichterung und Zustimmung aus, ein beachtlicher Teil blieb abwartend bis ablehnend. Die obskursten Mittel, für Pferde und nicht für Menschen gedacht, fanden hingegen Anklang.

Daher müsste hier viel in die Aufklärungsarbeit investiert werden, mit prominenten Wissenschaftlern, etwa dem Nobelpreisträger Anton Zeilinger und anderen erfolgreichen Forschern.

Wie kann man dieses fehlende Vertrauen wiederherstellen?

Als langjähriger Journalist ist mir bewusst, dass den Medien in ihrer ganzen Breite eine wichtige Aufgabe zukommt. Gleichzeitig müssen wir zur Kenntnis nehmen, dass ein immer größer werdender Teil mit den klassischen Medien nicht mehr zu erreichen ist. Sie leben – in den und durch die sozialen Medien – in einer selbst gewählten Blase. Sind empfänglich für die abstrusesten Verschwörungstheorien. Umso mehr kommt es darauf an, dass sämtliche Meinungsträger davon Abstand nehmen, nicht einzuhaltende Versprechungen zu machen. Dass die zu setzenden Maßnahmen in einem sorgfältigen Pro und Contra abgewogen werden, bevor man einen populistischen Schnellschuss loslässt. Die Energiewende ist leicht ausgerufen, stemmen muss sie meist der Einzelne. Das übersteigt meist nicht nur seine Mittel, sondern auch seine Vorstellungskraft.

Derzeit werden viele verärgert durch die Parolen und Maßnahmen der „Letzten Generation". Der radikale Protest der

Klimakleber, die nicht nur den Straßenverkehr, sondern auch die Kunst, vor allem Ikonen der bildenden Kunst, ins Visier genommen haben, ist bisher kaum auf Verständnis, im Gegenteil oft auf trotzige Ablehnung gestoßen.

Auch hier gilt es, wieder Vertrauen aufzubauen. Auch in der Klimafrage sollten wir auf die Wissenschaft setzen. Sie hat nicht nur in der Vergangenheit, sondern auch aktuell erstaunliche Lösungen gefunden, z. B. mit der Überlegung, das teure Lithium durch das überall vorkommende Natrium zu ersetzen, was die Batterien leichter, reichweitenstärker und billiger machen würde. Damit könnte das bisher stärkste Argument gegen die E-Autos, deren mangelnde Reichweite und hohe Kosten, stark gemildert werden. Natürlich sind wir bei der Wasserstofftechnologie erst am Anfang einer praktikablen Umsetzung. Die Vorarlberger Spedition Gebrüder Weiss hat aber zusammen mit Schweizer Unternehmen einen 36-Tonnen-Lkw auf Wasserstoff umgerüstet, der 70.000 Kilometer bei einer Einsparung von 80 Tonnen CO_2 gefahren ist, was Hoffnung auf breitere Umsetzung macht. Gleichzeitig müssen wir uns um Ehrlichkeit bemühen, ob nicht die Erzeugung des Ladestroms für die E-Mobilität durch Kohlekraftwerke die CO_2-Bilanz des klassischen Verbrennungsmotors deutlich besser aussehen lässt. Derzeit überwiegt auf jeden Fall die Skepsis der Käufer; die von der Politik allzu hoch gesteckten Ziele werden wahrscheinlich nicht einzuhalten sein.

Ich komme zum letzten Punkt meiner Analyse: dem Mangel an Führungspersönlichkeiten, die über den Kern ihrer Parteiideologie hinauswirken. Mir ist schon bewusst, dass solche Menschen, beiderlei Geschlechts, nicht auf den sprichwörtlichen Bäumen wachsen, wenn ich nur an Bruno Kreisky denke und das Dilemma der einst staatstragenden SPÖ, einen Parteichef mit dieser Breitenwirkung zu finden.

Nun ist das „politische Geschäft", das ich beruflich seit den frühen siebziger Jahren verfolge, weit komplexer und vor allem zeitintensiver geworden. Kreisky konnte es sich noch leisten, im Telefonbuch zu stehen, um beim sonntägigen Frühstück einen Installateur für einen verstopften Abfluss zu finden. Die Internationalisierung der heimischen Politik hat seit dem EU-Beitritt das Zeitkorsett der Politiker, speziell eines Kanzlers, enorm angespannt.

Es gab aber auch in den letzten Jahren Persönlichkeiten, die trotzdem den zeitraubenden Kontakt mit dem Volk, also dem Wähler, nicht vernachlässigten. Da denke ich in Niederösterreich in erster Linie an Langzeit-Landeshauptmann Dr. Erwin Pröll oder in der Steiermark an Josef Krainer. Egal ob Sport, Musik oder bildende Kunst, Pröll nahm auch kontroverse Künstler unter seinen „Schutz". Etwa den von der FPÖ als „Gedärme-Wüterich" verunglimpften Hermann Nitsch, für den er ein Museum durchboxte. Auch der Wolkenturm in Grafenegg erschien Anfangs nicht als „vote-getter". Heute ist das Festival ein Erfolgsrezept über das Land hinaus.

Mein Resümee: Der Österreicher belohnt *in the long run* nicht nur geschmeidige, auf Populismus aufgebaute Politik. Wenn sie authentisch ist und vertrauenswürdig, kann man auch gegen Umfragen eine mutige, zukunftsorientierte Politik machen.